AF453793

PROMENADE

EN

RUSSIE

VARSOVIE — SAINT-PÉTERSBOURG
MOSCOU — NIJNI-NOVGOROD — KIEFF

Par Eugène GALLOIS

(Photographies et Croquis de l'Auteur).

(Extrait du Bulletin de la Société de Géographie de Lille.)

LILLE,
IMPRIMERIE L. DANEL.

—

1896.

PROMENADE EN RUSSIE

C'est au moment où l'Empereur de Russie vient officiellement en France qu'il paraît intéressant de rappeler au peuple ami dont il va être l'hôte pendant quelques jours, ce qu'est la Russie.

Mon intention n'est pas de faire ici une étude sérieuse de cet immense Empire, ce colosse dont la tête est couronnée de glaces et dont les pieds s'appuient au massif montagneux dont les sommets resteront longtemps encore vierges, défiant la conquête humaine, mais de faire une simple description de ses grandes villes et de faire part au lecteur de quelques notes et impressions recueillies au cours d'un rapide voyage, fait à l'occasion des fêtes inoubliables du Couronnement.

C'est encore plein du souvenir de ce que j'ai vu et entendu que j'ai écrit ces quelques pages, heureux, à la pensée qu'elles pourront donner au lecteur, désireux d'apprendre, une idée de l'état de civilisation où sont nos amis. Personne n'ignore les rapides progrès faits dans cette voie par ce jeune peuple, appelé peut-être par Dieu dans l'avenir à de grandes destinées.

L'Exposition de Nijni-Novgorod, que bien peu de Français malheureusement ont été visiter, a donné la preuve de l'immense expansion de la Russie, dont l'industrie est encore naissante et dont les richesses naturelles de toutes sortes sont bien loin d'être exploitées.

Qu'il me soit permis de remercier tous les Russes qui sont venus à nous la main tendue, se faisant au besoin nos gracieux cicerone ; j'en appelle aux personnes en l'aimable compagnie desquelles j'ai eu la bonne fortune de faire cette excursion.

Et maintenant en route, chère lectrice et cher lecteur, si vous voulez me suivre.

Eugène GALLOIS.

DE PARIS A VARSOVIE.

Quittant la France par la ligne du Nord pour gagner Cologne, à la célèbre cathédrale, dont les flèches élancées se mirent dans le Rhin, comme l'a chanté un poète, nous avons gagné Berlin, traversant rapidement les plaines allemandes aux grands centres industriels, dont la puissance commerciale nous a causé de graves préjudices.

Cette première étape ne manquait pas d'intérêt et permettait de se rendre compte des progrès accomplis depuis vingt-cinq ans par la race allemande. Quarante-huit heures de séjour dans la capitale de l'ancien royaume de Prusse ont pû nous donner une idée générale de cette grande ville de plus d'un million d'âmes, située dans une plaine arrosée par la Sprée qui traverse diagonalement le cœur de la cité y formant une île. Elle est occupée par les Musées et la grande masse du Château impérial, couronnée d'un dôme. C'est là aussi qu'aboutit la célèbre « Unter den Linden », Promenade des Tilleuls, sorte de large avenue à doubles rangées d'arbres et à plusieurs chaussées. Sa réputation est du reste, fort surfaite, car ces tilleuls ne mesurent que quelques mètres de hauteur, et de plus, elle est bordée de maisons sans caractère bien indiqué, avec des cafés et des magasins qui sont loin de présenter le luxe de ceux de nos boulevards parisiens. La « Frederikstrass », la rue la plus animée et la plus commerçante, la coupe à peu près vers le milieu. C'est entre cette dernière et la rivière que se trouvent à droite, les palais du vieil empereur Guillaume que l'on conserve religieusement, et celui de la reine Augusta, dont la porte est gardée par des soldats dont l'attitude impassible fait songer à des statues, qui ne rappellent en rien la sculpture grecque. En façade se trouvent divers monuments aux sévères façades, comme le Musée des Armures, où l'on voit entre autres choses, les plans en relief de nos villes frontières. J'y ai vu des professeurs conduisant leurs élèves.......... Cela puisse-t-il nous inspirer quelques salutaires réflexions.

Plus loin, les grandes façades grecques à colonnades sont les Musées anciens et modernes. Il vaut mieux passer, surtout dans les salons de peinture, où des œuvres rappellent des épisodes de la funeste guerre, dont les blessures profondes saignent encore.

Dans la ville, les monuments n'offrent en général rien de particulièrement intéressant ; quelques églises ou édifices publics qui ne valent pas une visite et pour lesquels un simple coup d'œil en passant suffit.

Le grand palais neuf situé au delà de la Colonnade, terminant de ce côté la promenade des Tilleuls, et qui attire les regards, c'est le Nouveau Parlement, grande et massive construction surmontée d'un dôme, récemment terminée. Il s'élève à l'entrée du « Thirgarten », joli parc, dont les allées servent de promenade favorite aux Berlinois. Devant le palais, une lourde et disgracieuse colonne, avec un épais soubassement, surmontée d'une Victoire dorée et de trop grande proportion, nous rappelle encore de pénibles souvenirs et chante nos défaites. Ne nous arrêtons pas et entrons dans le Parlement. Une grande salle des Pas-Perdus, refendue par des colonnades en trois parties et décorée au centre par un grand lustre en bronze doré, donne accès aux salles de lecture, de travail, décorées de peintures murales, et du buffet, dont la décoration criarde est de bien mauvais goût. Quant à la grande salle elle-même, elle est construite en pierres de Silésie et en marbres du Tyrol et de Bavière. Sur la façade opposée à l'entrée principale se trouve l'escalier, avec vitraux aux armes des États, dit du « Conseil Fédéral ».

Il donne accès à l'antichambre du Chancelier, aux banquettes à dossier de cuir repoussé, reproduisant les armoiries des Etats. Derrière est la salle des « Etats » où chaque représentant a son fauteuil et son buvard à son nom. A la suite et en retour se trouvent les cabinets particuliers des conseillers. Le tout est d'une décoration fort simple. Enfin la chambre des Séances est rectangulaire, éclairée par un plafond vitré. Les gradins sont en hémicycle faisant face à la tribune présidentielle et les sièges et pupitres tendus de cuir fauve. Les députés ont leur place indiquée. Enfin sur le côté droit des tribunes publiques se trouve la loge impériale précédée d'un salon. Une entrée spéciale avec péristyle facilite l'accès de la Chambre.

Dans les rues de la ville circulent tramways électriques, omnibus découverts à trois cases et fiacres nombreux, se croisant en tous sens et s'arrêtant, comme à Londres, à la première injonction de l'agent de police au casque pointu. Les chemins de fer ne pénètrent pas au cœur de la ville, mais ils communiquent entre eux et c'est ainsi que l'on peut prendre un train pour n'importe quelle direction à la gare centrale de Frederikstrasse ; aussi le mouvement, y est-il véritablement extraordinaire, et c'est à peine s'il s'écoule deux ou trois minutes entre chaque train.

Personne n'ignore l'habitude allemande de la bière, aussi les brasseries sont-elles nombreuses à Berlin. Souvent elles sont installées, en partie du moins, dans des cours-jardins. Nombre d'entre elles enfin sont égayées par des orchestres, dont certains presque exclusivement féminins ; ce sont les « Damen kapelle », formés pour la plupart de Hongroises, sous la conduite d'une jeune femme, exécutante elle-même. La musique que l'on y entend appartient généralement au genre sérieux et souvent classique. Le goût de la race germanique pour la musique est du reste assez connu, pour qu'il soit inutile d'insister.

Une excursion qui s'impose lorsque l'on est à Berlin, c'est la visite des palais et châteaux de Postdam, le Versailles allemand ; aussi la délégation n'a-t-elle eu garde d'y manquer. Une journée bien remplie suffit pour cette promenade, située à une heure de chemin de fer de la ville. C'est d'abord le vieux château avec sa grande cour. On y voit des salons, dont un tout doré, la chambre de Frédéric avec une balustrade en argent comme toute la décoration, une grande salle à manger aux vastes proportions ornée de panneaux allégoriques et décorée par un lustre en bronze. On vous montre également un salon jaune, une salle pompéïenne, une chambre verte dite « des Princes étrangers », avec un lit où ont couché Napoléon Ier et autres Princes, paraît-il ? un salon dit des « Gobelins » avec tapisseries « l'Amour et Psyché » et d'autres pièces sans intérêt. Les grands poêles de faïence que l'on voit dans toutes les pièces, méritent d'être remarqués.

Postdam est une ville de 50,000 âmes environ, plus 7,000 hommes de troupe, largement tracée et percée de voies, dont l'aspect peu animé rappelle certaines de nos villes de province.

Au bord du lac Havel, qui communique avec la Sprée et donne la fraîcheur au paysage, s'élèvent plusieurs châteaux princiers, comme celui de Guillaume Ier, Babelsberg, qui découpe ses tours à créneaux dans la verdure d'un beau parc, qui vient s'étendre jusqu'à l'eau. Des villas se dressent de droite et de gauche, c'est l'entourage de la cour ; l'une d'elles, à volets verts, abritait le prince Frédéric-Charles. A côté s'étend le parc Léopold. Puis voici le « palais de marbre » à un simple rez-de-chaussée, résidence favorite de l'Impératrice pour ses couches.

Le grand parc, avec allées taillées, pièces d'eau, cascades, terrasses, est celui de Sans-Souci, avec son château plein des souvenirs de Voltaire et du Grand Frédéric, son illustre ami, et dressant sa façade au-dessus de fleurissantes terrasses. Sur le côté, le fameux Moulin historique montre ses ailes, et à sa suite l'Orangerie, étalant son imposante façade avec tours à l'italienne.

L'église de la Paix est la nécropole de certains membres de la famille impériale, comme Frédéric-Guillaume IV et sa femme. Un cloître élève devant ses colonnes avec une statue du Christ, donnant accès au mausolée de Frédéric, chapelle circulaire ornée de belles colonnes de marbre blanc, avec un plafond en mosaïque dorée. D'autres membres de l'auguste famille reposent, comme Guillaume Ier, dans le parc de Charlottenbourg, vaste château situé au delà du Thirgarten à Berlin.

Une nuit passée en wagon suffit pour atteindre la frontière russe. Grâce au confort d'un wagon-salon garni de fauteuils tendus de velours grenat, dont le dossier s'abaissant forme chaise longue, on peut goûter un sommeil réparateur. La raideur militaire des employés ne leur enlève pas une politesse qui fait bien souvent défaut dans notre chère patrie. Au petit jour on découvre une campagne plate, c'est le duché de Posen et la Silésie, et bientôt on atteind Thorn, ville frontière. Là, il n'y a plus matière à plaisanterie. A la station d'Alexandrowo, on exhibe son passeport, sans lequel on va vous faire remonter dans le train qui vient de vous amener ; il est examiné avec soin. Après quoi, les employés de la douane inspectent vos bagages ; et il ne faut pas s'aviser d'être porteur de livres ou de journaux, car la censure met la main dessus ; et encore moins d'armes.

Il faut ensuite patienter dans une salle d'attente ; mais il est vrai que vous pouvez faire connaissance avec les buffets russes et avaler en vous brûlant une première tasse de thé. De toutes façons il faut changer de train , car tout le monde sait que l'écartement des voies russes est plus large que sur les lignes européennes, et que par conséquent le matériel diffère.

Les employés ont encore la tournure militaire , moins raide , il est vrai , qu'en Allemagne. Les longues tuniques sont surmontées de la casquette plate et accompagnées de l'inévitable paire de bottes à petits plis.

Nous voilà donc en Russie , roulant , dans un confortable wagon , à une allure modérée, il est vrai, car les trains rapides n'existent pas ici et la vitesse ne dépasse pas trente à quarante kilomètres à l'heure pour les plus accélérés. De maigres campagnes se déroulent à perte de vue , plus ou moins cultivées et plus ou moins morcelées. Des marais apparaissent par endroits. Aux stations on aperçoit déjà quelques types de juifs crasseux à la longue lévite, portant la casquette et les bottes , certains la toque et des pelisses de fourrures fauves. Ils sont bien reconnaissables, à la coupe de leur figure, au nez plus ou moins crochu , au port de la barbe et aux mêches en tire-bouchons flottant sur les tempes. On remarquera par

la suite que la forme de la casquette et la façon de la porter varient suivant les classes de la société.

Voilà une station avec buffet , on vous donne dix à douze minutes pour avaler un plat quelconque et boire un peu de bière ou une tasse de thé. Les wagons-restaurants n'existent pas , et au lieu de s'arrêter un certain laps de temps à l'heure des repas , on vous donne dix minutes plusieurs fois dans le cours du jour, on peut ainsi manger à divers intervalles ; cela occupe sans charger l'estomac , mais il faut rompre avec nos habitudes.

Nous avons laissé derrière nous la ville manufacturière de Koluszki, sans intérêt pour le touriste.

Il faut avancer sa montre, car il y a une heure et demie d'écart entre Berlin et St-Pétersbourg. L'heure n'est pas uniforme non plus en Russie, et c'est ainsi que Moscou avance également de trois quarts d'heure sur la capitale. Au retour par contre, il faudra faire l'opération contraire.

VARSOVIE.

La première grande ville russe la plus rapprochée de nos contrées est Varsovie (Warszawa), l'ancienne capitale du royaume de Pologne et le chef-lieu du gouvernement de la province de ce nom. Assez pittoresquement située sur les berges escarpées et atteignant une vingtaine de mètres de hauteur de la Vistule qui roule ses eaux rougeâtres sur une largeur de plusieurs centaines de mètres, la ville s'étend sur une longueur de cinq à six kilomètres et sur une profondeur de près d'une lieue. Deux ponts, dont un tubulaire de 400 mètres de long, relient la ville au faubourg de Praga. C'est de là que l'on a un beau coup d'œil d'ensemble sur la cité avec ses monuments et ses tours et clochers aux formes variées. Varsovie compte environ 500,000 âmes dont un tiers de juifs. Sa situation est, il n'est pas besoin de le dire, des plus importantes, aussi est-elle la résidence du gouverneur, d'archevêques, catholique et gréco-russe, et de fonctionnaires de tous rangs et grades.

Elle se divise en plusieurs quartiers, comme la Vieille ville à proprement parler au centre ; la ville Neuve au Nord ; le faubourg de Cracovie et divers autres, sans intérêt pour le voyageur. En visitant les monuments principaux, on peut se rendr vite compte que les vieilles rues sont mal pavées, ce qui est commun à toutesl villes russes en général, tandis que dans les quartiers neufs on retrouve les améliorations modernes. Grâce au pavage irrégulier le bruit des voitures est infernal et il faut quelque temps pour que les oreilles s'y habituent. On se demande même comment les légers et étroits cabriolets peuvent résister aux secousses et comment l'izvostchik (cocher), n'est pas projeté sur le sol, car il n'est que posé sur son siège.

A ce sujet, il est à noter que l'on désigne indifféremment sous le nom d'izvostchik, par abréviation izvostch, aussi bien la voiture que le conducteur, et qu'entre eux-mêmes les cochers s'interpellent par cette denomination. Les cochers à Varsovie portent leur numéro dans le dos, au-dessous du col. Un fait à noter, c'est qu'ici comme en Angleterre, un cocher pour « bien marquer » doit être gras, aussi les cochers de bonnes maisons se rembourrent par devant et par derrière avec une peau de mouton. Il existe aussi des voitures de place « drojki ». Les unes sont munies de capotes, tandis que les autres sont sans dossiers ; aussi l'habitude estelle dans ces dernières, quand on est avec une dame de la prendre par la taille, pour prévenir une chute occasionnée par les soubresauts du véhicule rapidement

entraîné par un petit cheval orné de la « douga » sorte de haut collier. De temps à autre on rencontre des troïkas, voitures à trois chevaux ; celui au centre trottant, tandis que ses acolytes, galopent, ce qui produit un curieux effet. Les villes russes étant généralement fort étendues et les gares se trouvant éloignées du centre, les voitures sont fort nombreuses. Il n'existe d'ordinaire pas de tarif et il faut discuter son prix avec le cocher, ce qui n'est pas sans ennui, surtout pour l'étranger. L'hiver, comme personne n'ignore, les voitures disparaissent pour faire place aux traîneaux. Il ne faut

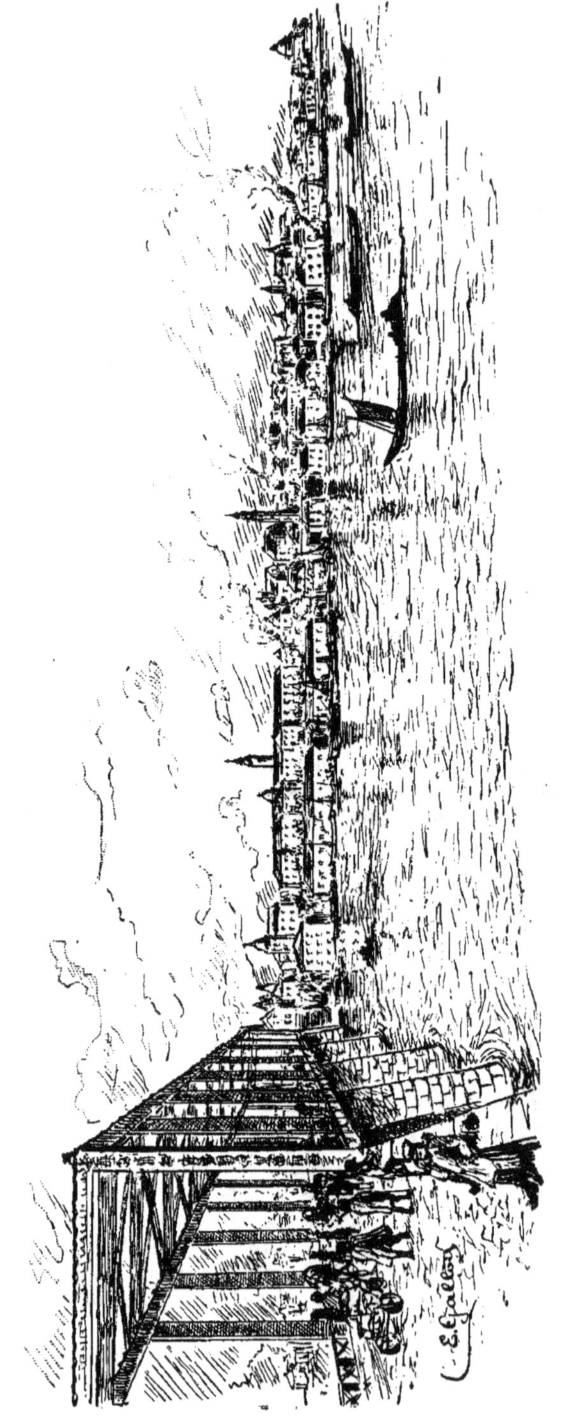

VARSOVIE (VUE GÉNÉRALE PRISE DE FAUBOURG DE PRAGA).

pas perdre de vue à ce sujet que le climat en Russie est extrême, très froid pendant l'hiver long et rigoureux et parfois très chaud pendant l'été relativement court. Les saisons intermédiaires n'existent pour ainsi dire pas.

Malgré la rigueur du climat, l'hiver, on se défend du froid par des vêtements de fourrures et des bottes fourrées ou en feutre (portées surtout par le peuple), et on trouve dans les intérieurs une douce température, grâce aux doubles fenêtres et aux grands poëles. Le paysan par contre souffre dans son isba (cabane en bois), qui ne le défend qu'imparfaitement contre la bise glaciale qui souffle sur la solitude glacée de la steppe.

Chemin faisant on croise dans les rues des soldats plus ou moins propres à la longue capote grise, dont les lourdes bottes font résonner le pavé, des officiers portant le sabre avec baudrier et recouverts de ce grand manteau gris clair, traînant souvent jusqu'à terre. L'ordre est maintenu par des agents de police en tunique sombre avec culotte bleue, le sabre au côté et coiffés de la casquette. C'est du reste une coiffure fort pratique, abritant le visage et la nuque, et légère, surtout celle en toile blanche ou crème qui se porté l'été, et tient lieu de casque dans les pays chauds, comme au Turkestan.

Dans la ville, quelques monuments méritent plus ou moins la visite du touriste. C'est ainsi qu'il suffit de jeter un coup d'œil sur les façades de l'Arsenal, de la Monnaie, de l'Hôtel de Ville avec son campanile et du grand Théâtre situé sur la même place. Par-ci par-là quelques places irrégulières de forme, des squares, que l'on affuble parfois du nom de parc, généralement assez mal entretenues. Au centre de la ville se dresse la façade du palais de Saxe avec sa colonnade, occupé par des administrations, précédé d'une grande place décorée d'un monument commémoratif en marbre noir, en forme d'obélisque. Derrière le château s'étend un jardin public de plusieurs hectares, lieu fréquenté, surtout aux heures de promenade et de concert, avec un théâtre en bois pour la belle saison, et quelques cafés.

Parmi les églises (elles sont assez nombreuses, la majeure partie de la population étant catholique), la cathédrale St Jean, du XIIIᵉ siècle, renferme quelques beaux tombeaux de héros polonais, un portrait en mosaïque de Poniatowsky, évêque, des stalles en bois sculpté rehaussé de dorures et une chaire à prêcher en pierre, d'un beau travail. Une église russe dresse dans le ciel ses cinq coupoles d'or ; elle nous donne un avant-goût de ces pittoresques merveilles de l'art religieux grec.

Varsovie renferme nombre de vieux palais, dont les plus connus sont les palais Zamoyski et Krasinski, ce dernier abritant aujourd'hui le Sénat polonais.

En cours de promenade nous traversons une rue pavée en bois, qui contraste par son modernisme avec les ruelles infectes du quartier juif où grouille une population sordide.

Ce quartier si animé d'ordinaire devient morne et désert le jour du sabbat, (samedi). Toutes les boutiques sont fermées, avec leurs enseignes en caractères hébreux, pour un certain nombre, et dans les rues aux ruisseaux blanchis par la chaux pour les désinfecter, quelques rares juifs. Une grande synagogue donne idée de la place qu'ils tiennent dans la ville et de la fortune qu'ils accaparent. Elle présente l'aspect d'une basilique avec ses colonnes et ses bas-côtés avec tribunes. Au fond le Tabernacle fermé par des portes en cèdre du Liban renferme les Tables de la Loi (Pentateuque). Un volumineux livre de prières en hébreu sur parchemin est installé sur un curieux pupitre à ressorts.

Une visite au quartier neuf et fréquenté par la haute société de la ville est indispensable pour laisser une meilleure impression au volage touriste.

Longeant vers le sud la grande rue principale, qui oblique au nord pour descendre au pont Alexandre, on rencontre d'abord la place et l'église St-Alexandre-Neyski avec ses dôme et clochers, d'où part l'allée d'Ujazdow, belle avenue de tilleuls, avec voies à voitures et à cavaliers , sur laquelle s'élèvent de grandes constructions en briques à façades plâtrées ; c'est du reste le mode de bâtir usité en Russie.

Des cafés avec de larges terrasses et des lieux de divertissements appellent le public les jours de fête.

Sur le côté s'étendent des jardins, comme le Jardin botanique, à la suite duquel est l'Observatoire ; mais avant on laisse à gauche une église neuve aux dômes verts, tandis qu'à droite un camp dresse ses tentes blanches dans la verdure.

A l'extrémité de l'avenue s'élèvent les châteaux Belvédère et Lazienki , au milieu de beaux parcs accidentés, descendant vers la rivière. Le premier est une construction banale, mais le second offre quelque intérêt. Construit par Poniatowski , il a été parfois choisi par l'Empereur comme lieu de séjour. On y voit quelques jolis meubles, des tableaux, portraits et panneaux allégoriques, des statuettes et des bustes en marbre de l'École française , entre autres de Houdon, des statues comme dans la Salle ronde des rois de Pologne, une salle de bains décorée de hauts-reliefs, sujets de baignades et une grande salle aux armes des rois de Pologne. Ce château assez coquet extérieurement est à cheval sur une longue pièce d'eau, avec de jolies échappées sur le parc. Une curiosité fort originale , c'est le théâtre antique à gradins, séparé par l'eau, de l'orchestre et de la scène, à décor grec, situé dans une île. On y donne encore des représentations dans certaines circonstances. A l'extrémité de la pièce d'eau, des sujets encadrent une statue équestre de Sobiesky.

La triste rencontre d'un enterrement, où le corbillard est remplacé par un cercueil pompeux porté sur un camion, donne une idée de certains usages locaux.

Une distance de 1.115 verstes sépare Varsovie de St-Pétersbourg, et il ne faut pas moins de vingt-trois heures pour la franchir par les moyens les plus rapides. Si le trajet est long, la voie heureusement est bonne et les wagons spacieux. De plus le paysage, comme celui de toute la Russie du reste , est monotone , la région peu accidentée et boisée. On franchit plusieurs affluents de la Vistule. Grodno peut seul être cité comme station importante. Le long de la route on croise quelque rare train remorqué par une de ces locomotives, au gros tuyau évasé, rappelant les formes américaines , et munie de grosses lanternes. Elles sont chauffées au bois , qui est si abondant et dont on voit des piles énormes le long de la voie. Dans le sud de l'Empire, les machines sont chauffées avec les résidus de pétrole.

Au matin, on aperçoit une grande ville de plus de 100,000 âmes, Vilna, ancienne capitale de la Lithuanie.

La contrée est légèrement mamelonnée et semée de bois de bouleaux et de sapins et souvent coupée de marais et de terrains tourbeux. Par-ci par-là quelque rare village montre ses pauvres maisons en bois ; aux alentours des troupeaux errent en quête de nourriture.

Après Dunabourg sur la Duna, un buffet à Pskow nous permet de nous sustenter à la vapeur, vu la petite douzaine de minutes que le chemin de fer veut bien accorder aux voyageurs. La route se poursuit sans travaux d'art , à part quelques petites tranchées et quelques ponts en fer. Vers Zuga , les bois de maigres bouleaux se succèdent, mais on approche de la grande ville, créée par Pierre-le-Grand, et bientôt les toits rouges et verts de Gatchina se distinguent dans la verdure, encore peu avancée. C'était là le séjour favori d'Alexandre III. Le château comportant de nombreuses pièces , mais simple d'aspect , est un édifice sans intérêt au milieu d'un beau parc ; malheureusement il était impossible de le visiter. Des villas et chalets indiquent le voisinage de la royale demeure.

Un peu de patience encore , ce n'est pas que nos compagnons de route en aient manqué, mais il en faut dans ces longs et fastidieux trajets , et voici les faubourgs de la grande capitale slave. Ce sont des usines aux longs bâtiments et aux hautes cheminées vomissant la fumée, de vastes constructions, des habitations modestes sur des rues encore peu bâties, tout en un mot qui dénote l'arrivée dans une de ces grandes agglomérations humaines.

Passant entre de longues files de wagons, le train va s'arrêter sous le hall d'une gare relativement peu importante, située loin du centre de la ville. Arrachés aux mains des commissionnaires, nous nous précipitons dans des voitures qui nous emportent rapidement à l'hôtel.

SAINT-PÉTERSBOURG.

La résidence de la Cour et la première ville de l'immense Empire, qui s'étend jusqu'à la mer de Behring et s'appuie au sud au grand plateau du centre de l'Asie, est une des belles et grandes capitales de l'Europe. Elle compte plus d'un million d'âmes et s'étend large et spacieuse en partie sur des îles de la Néva et surtout sur la rive gauche du vaste fleuve qui l'enlace en une sorte de boucle. Sans entrer dans des détails, il est bon de rappeler l'importance commerciale et politique de Pétersbourg. La ville mesure environ dix à douze kilomètres carrés ; elle n'est située qu'à une dizaine de mètres au-dessus du niveau de la mer, ce qui s'explique par la proximité de cette dernière. Elle est donc un port important, militaire et commercial, et les navires remontent jusqu'au premier pont de bateaux ; la Néva, en effet, qui mesure de 250 à 600 mètres de largeur sur une profondeur variant entre 3 et 16 mètres, est franchie par deux ponts fixes (Nicolas et Alexandre) et par plusieurs ponts de bateaux que l'on disloque pendant la débâcle des glaces. De nombreux ponts franchissent également les bras du fleuve dans l'intérieur de la ville.

Comme division administrative, la ville comporte 13 quartiers et 38 arrondissements de police. A ce sujet, il ne faut pas oublier que la première formalité à accomplir, c'est le dépôt de son passeport qui doit être visé et sur lequel on appose un timbre de prix variable, suivant les villes ; les Russes eux-mêmes y sont soumis pour circuler dans l'Empire tout comme en Turquie. Le droit de séjour s'élève même pour les négociants à plusieurs roubles. Enfin, les étrangers eux-mêmes sont tenus de faire viser leur passeport pour la sortie de Russie et de subir ainsi un contrôle qui n'est pas sans froisser les sentiments, surtout de ceux qui appartiennent au pays des libertés par excellence.

Au premier aspect de la ville, on est frappé de la largeur des voies, garnies généralement de faux trottoirs élevés. Elles sont parfois longues, comme la Prospect Nevski qui s'étend sur plus d'une lieue, avec une largeur de quarante mètres. Pavées de gros cailloux, certaines sont munies de sortes de chemins en bois ou asphalte, où l'on évite les cahots. Parmi les places publiques nombreuses, certaines sont fort spacieuses. Enfin quelques squares et parcs que nous visitons en parcourant la ville, lui donnent quelques notes de verdure qui manquent totalement sur ses voies sans arbres. C'est à la présence de ces derniers qu'est dû en grande partie le charme incontesté de nos boulevards parisiens.

Les maisons de dimensions variées sont souvent peintes en couleur d'un plus ou moins heureux effet. Les palais eux-mêmes sont ainsi badigeonnés. Dans les constructions modernes, certaines rappellent presque les énormes blocs américains par leurs proportions.

Les églises, on en compte trois ou quatre cents, rompent les alignements des rues et attirent le regard par la variété de leurs dômes, flèches ou clochers. Les boutiques sont souvent en contre-bas ou au ras du sol et l'obligation de descendre quelques marches est une défectueuse installation. Sur un certain nombre, des inscriptions sont en français et dans quelques-unes on se fait comprendre dans notre langue, soit que les négociants soient des compatriotes, soit qu'ils soient étrangers installés en Russie, soit encore qu'ils soient Russes.

Un usage qui s'explique peu , c'est celui de recueillir dans des baquets l'eau des toits. Par endroits sont placés de petits tonneaux verts munis de gobelets remplaçant nos fontaines Wallace. Mais si l'on a pensé à secourir ceux qui ont soif, on semble avoir oublié que notre pauvre nature humaine a diverses fonctions animales à remplir ! Il en est ainsi du reste de toute la Russie et même de divers autres pays européens......... Faites excuse........

De nombreux omnibus et **tramways** avec impériales sillonnent la ville en tous sens, mais ce qui frappe c'est la quantité de voitures de place (drojki) qui circulent. On en compte en effet environ 25,000 à Pétersbourg. Le cocher russe ou izvostchik, dont il a déjà été parlé, est coiffé de ce petit chapeau à bords relevés que l'on connaît et de **deux** vêtements longs superposés. la touloupe et l'armiac ou pardessus. Il a la taille prise dans une ceinture généralement en étoffe brodée à fleurs de couleurs. La police des rues est faite par des agents proprement tenus et complaisants. Comme dans certaines autres grandes villes européennes , il existe une police à cheval dont le besoin se fait parfois sentir là où il y a une grande circulation de voitures.

Ce qui donne une note particulière à la ville , c'est la décoration spéciale et le pavoisement auquel beaucoup d'habitants et de boutiquiers surtout, prennent part à l'occasion des fêtes du couronnement.

L'électricité a fait son apparition il y a déjà plusieurs années, et certaines rues sont éclairées ainsi que les monuments publics et beaucoup de clubs, maisons particulières et magasins. L'installation du gaz est bien comprise.

Avant de parcourir la ville , il est bon de rappeler qu'au point de vue du climat , l'hiver est long et rigoureux et que l'on constate des températures très basses , tandis que l'été venant parfois brusquement est quelquefois très chaud ; on a constaté des températures de + 35°.

Par sa situation en latitude élevée , le phénomène des longs jours d'été presque sans nuit et des longues et sombres nuits d'hiver, s'y produit comme en Suède et en Norvège. Aussi le printemps est-il le moment le plus agréable pour le voyageur qui, s'il a parfois déjà à subir quelques ardeurs du soleil, peut goûter le charme des fraîches soirées , qui attirent le public dans les jardins-concerts et les lieux de distraction.

Quant à l'histoire de Pétersbourg , ce n'est pas dans le cadre restreint de cette narration de voyage qu'il appartient de la traiter.

Trois ou quatre journées bien employées peuvent suffire à connaître la ville.

La célèbre Prospect Nevski attirera tout d'abord l'étranger. Si partant de l'Amirauté dominée par son clocher à aiguille dorée on parcourt la grande artère, le premier monument que l'on rencontre est l'église de Notre-Dame de Kazan, avec sa colonnade en hémicycle rappelant un peu celle de St-Pierre de Rome et son dôme argenté. Les colonnes sont en granit poli de Finlande. Dans cette église très vénérée, l'iconostase, qui cache l'autel ou ce qui en tient lieu aux yeux des fidèles, fort riche avec sa porte à jour et ses icônes , images saintes , est tout en argent massif et décoré de colonnes de jaspe. L'image de la célèbre Vierge est tout enrichie de pierres précieuses d'une grande valeur.

La richesse du reste des églises et des images saintes en Russie est bien connue, comme les fortunes personnelles des couvents. Cela tient à l'intensité religieuse de la croyance de ce grand peuple, qui vénère son Empereur et Pape, on pourrait presque dire à l'égal d'un demi-Dieu.

Il faut voir la piété touchante de ces braves gens, s'arrêtant dans les rues, se découvrant devant les images saintes et les églises et même les portraits de l'Empereur, s'agenouillant sur les trottoirs et se signant trois fois, suivant le rite grec et faisant brûler des cierges devant les chapelles ouvertes sur la voie publique. On comprend alors la force de cette nation unie par une même croyance et adorant son chef suprême. Mais l'amitié réciproque qui nous lie à ce peuple est bien faite pour surprendre, si elle ne s'expliquait par des raisons politiques du plus haut intérêt ; et puis, un philosophe n'a-t-il pas dit que l'amour naît parfois des contrastes.....

Il ne nous appartient pas de juger ces faits et l'avenir démontrera l'utilité ou la non utilité de cette grande alliance, qui aura toujours donné quelques années de tranquillité au Vieux Monde.

L'honneur en reviendra au grand Empereur dont l'histoire vénère la mémoire en lui décernant le glorieux titre de Prince de la Paix.

Mais reprenons la visite de l'église qui renferme une précieuse relique : un clou de la Sainte Croix. Sur un pilier sont suspendues les clefs des forteresses russes.

Nous n'avons pu nous empêcher d'être sensible à la tolérance de ces gens qui nous permettaient de visiter leurs églises, parfois même pendant les offices. Il faut du reste assister à ces derniers pour observer les cérémonies et entendre les chants fort beaux à plusieurs voix sans accompagnement d'instruments. Les officiants sont vêtus de riches ornements, souvent avec des broderies d'or, et les chanteurs portent des robes bleues avec des sortes de surplis. Naturellement il n'y a aucun siège dans les églises, ce qui ajoute à leur caractère imposant. Sans entrer dans la définition de l'Eglise gréco-russe, il ne faut pas oublier que peu de chose la sépare de la religion catholique et que les efforts du haut clergé et surtout du Pape tendent à un rapprochement et à une fusion ; mais l'Empereur ne saurait renoncer à ses prérogatives. Puisse se faire cet accord qui serait un gage de paix et de bonheur pour la grande nation sœur et pour notre cher pays.

La ferveur religieuse des Russes leur fait placer des icônes dans les intérieurs, dans les bureaux publics, les magasins et les boutiques même ; aussi se découvre-t-on partout, d'autant plus que l'image de l'Empereur, accompagnée généralement de celle de l'Impératrice, figure aussi parfois jusque dans les habitations les plus modestes.

Avant d'arriver à N.-D. de Kazan on franchit deux petits bras de la Néva, sur lesquels sont installés de grands bateaux-lavoirs aux cheminées noires. De petits bateaux à vapeur circulent également. La construction jaune surmontée d'un campanile à l'encoignure est la « Douma » Hôtel de Ville. A côté s'allongent les longues façades à galeries, garnies de petites boutiques du « Gostinny Door », grand bazar, où l'on trouve de tout. Sur la grande rue Bolchaïa qui le longe, un autre grand bazar composé de constructions parallèles avec des galeries vitrées par partie, fait face à la Banque impériale avec sa grille sévère. Un peu plus loin, auprès de l'église de l'Assomption, est le marché Siennaïa, aménagé à l'instar de nos halles modernes, avec éclairage électrique. Là encore une icône sainte est éclairée par une petite lampe rouge.

Reprenons la Prospect Nevsky ; à côté de la Bibliothèque s'élève le monument en bronze de Catherine II, au milieu d'un square qui masque la façade du théâtre Alexandre.

La grande construction qui s'étend sur le canal de la Fontanka est le palais Anitchkow.

Deux voies coupent l'avenue, c'est la Liténii à gauche s'en allant au fleuve, au pont Alexandre, et à droite la Vladimirsky, au bord de laquelle se profilent les coupoles de l'église St-Vladimir ; c'est ainsi que l'on atteint la grande place sur laquelle s'élèvent une vilaine église à gauche et en face la gare Nicolas, ligne de Moscou.

La Prospect, qu'on traduit en français par Perspective, se rétrécit pour aboutir au grand couvent St-Alexandre. Toute l'extrémité de la rue, sur une longueur de près de 500 mètres, appartient, paraît-il, au couvent. Il renferme un cimetière réservé aux familles riches, puisque le prix du terrain y est très élevé (500 roubles par place, me dit-on), et plusieurs églises, au milieu de grands jardins. Dans l'église principale surmontée d'un dôme, une grande et riche iconostase se dresse avec ses images. Un retable et le tombeau de saint Alexandre tout en argent ouvragé, pèsent 1.800 kilogrammes de métal. Comme dans les autres églises, de gros cierges, sur trépied, généralement à trois branches, brûlent sans cesse. Un tombeau du Christ est orné de motifs et colonnes en malachite. Devant l'iconostase il existe comme une table de communion, disposition que nous retrouverons ailleurs.

Une source de produit pour le couvent, c'est en dehors de la vente des cierges et des images, celle de petits pains ronds qui sont consacrés. Quant aux moines, fort nombreux, ils portent la robe noire et sont coiffés d'un bonnet rond : kablouk, derrière lequel pend parfois un voile noir. Ils se font des têtes de Christ, avec le port de la barbe et de longs cheveux flottant sur les épaules, mais il faut ajouter qu'ils sont loin d'être toujours d'une tenue irréprochable.

Nous avons décrit la droite de la Prospect Nevski, mais en reprenant notre point de départ, nous trouverons d'abord sur la gauche, près d'une large rue, diverses églises appartenant à différents cultes et derrière les grands et vastes bâtiments peints en rouge des Ecuries impériales et du Manège du grand-duc Vladimir. Les écuries comportent trois à quatre mille chevaux en temps ordinaire et un grand nombre de voitures, La visite des remises n'est du reste pas dénuée d'intérêt. Au premier étage de belles tapisseries à bordures représentant l'histoire d'Esther et d'Assuérus décorent les murs des salles, ainsi que quelques autres à sujets allégoriques ou simples verdures. Bien que 24 voitures de gala soient parties à Moscou pour les fêtes du couronnement, il s'en trouve encore et non des moins curieuses. Ce sont des carrosses suspendus décorés de fleurs nacrées des années 1753, 1766 et 1776 ; puis la superbe voiture en bois doré, surmontée de la couronne de Catherine II, avec sujets peints, un carrosse de 7 mètres de long, suspendu par des lanières de cuir et tout sculpté avec des amours et des ornements. A la suite, d'autres carrosses plus simples dorés avec initiales et portant les dates de 1762, 1794, 1780 et 1797, celui de Nicolas Ier (1825), un autre de 1850, et le traîneau de Pierre-le-Grand avec fenêtres en mika et coffre derrière. De jolis et curieux traîneaux ornés de sujets plus ou moins gracieux ou originaux, figurent également à côté du coupé d'Alexandre II, dont l'arrière a été brisé par une bombe ; mais l'Empereur, qui devait succomber sous les coups des nihilistes, avait été miraculeusement préservé cette fois. Dans une autre salle, des harnais et des selles riches, cadeaux de princes, étalent leurs multiples couleurs.

A côté des écuries on élève une église commémorative à la place où a été frappé Alexandre II, sur le bord du grand et beau jardin Michel, devant lequel s'étend le Champ-de-Mars. Le palais Michel est une vaste construction à plusieurs ailes, précédée d'un square, sur le côté duquel est le théâtre, au modeste aspect, où joue la troupe française et qui est fréquenté par l'aristocratie et la haute société russe. Sur le parc, avec pièce d'eau, aux pelouses plantées de beaux arbres, la façade du château se présente bien avec ses colonnes et est un des meilleurs spécimens d'ar-

LA PLACE DU PALAIS.

CATHÉDRALE SAINT-ISAAC. — PALAIS D'HIVER.

SAINT-PÉTERSBOURG.

chitecture technique, mais nullement russe, il est vrai. Ce n'est à proprement parler, en effet, que dans les églises que se manifeste, avec ses formes bizarres dérivées des arts orientaux, chinois et indous, le véritable style russe , ainsi qu'on le verra surtout à Moscou.

Proches du palais , sont le Ministère de la Justice , le Manège et École d'équitation et l'École des ingénieurs avec son dôme , précédée d'un monument élevé à Pierre-le-Grand.

Mais revenons dans la partie la plus intéressante de la ville et rapprochons-nous de la Néva. Précédant le square dominé par les dômes dorés de la cathédrale St-Isaac, se dresse le monument en bronze de Nicolas Ier. L'Empereur est représenté en chevalier-garde, sur un cheval qui se cabre dans un beau mouvement. Aux angles quatre figures l'entourent : la Justice , la Force , la Sagesse et la Foi , sous les traits de sa femme et de ses filles. Quant à la cathédrale , c'est la plus belle, la plus grande et la plus riche église de la ville. Elle s'élève sur l'emplacement d'une église construite par Pierre-le-Grand , et on a mis plus de quarante ans à la terminer ; elle est due aux plans de l'architecte français de Montferrand , dont on retrouve la main dans d'autres monuments. Cet édifice est en granit rose de Finlande poli et en marbre ; les colonnes extérieures monolithes, avec leurs chapiteaux de bronze, formant de spacieux portiques, élevées au-dessus de marches monumentales, sont du plus bel effet.

En forme de croix grecque , il ne mesure pas moins de 105 mètres sur 90. Le dôme repose sur une ceinture de colonnes de granit et est surmonté d'une lanterne portant une croix gigantesque. Comme aspect extérieur il rappelle celui du Panthéon de Paris , avec cette différence qu'il est couvert d'une carapace en cuivre doré. Il est flanqué de 4 clochetons. Sa hauteur est de 82 mètres , mais de la base du monument au sommet de la croix on ne mesure pas moins de 102 mètres.

Quatre portes colossales en bronze, richement sculptées , donnent accès à l'intérieur fort sombre. Les murs sont recouverts de marbres variés, des peintures complètent la décoration. Au centre une estrade est réservée au métropolite, ou archevêque. L'iconostase, ornée de nombreuses icônes dont une partie en mosaïque, est en marbre avec une belle porte en bronze. Elle est flanquée de demi-colonnes cylindriques en fer recouverts , deux en lapis-lazuli et quatre en malachite , avec bases et chapiteaux dorés. Des chandeliers en argent sur trépieds portent des cierges, sans cesse remplacés par la ferveur des fidèles.

Le sanctuaire , dont l'entrée est interdite aux femmes , renferme un maître-autel en marbre blanc avec une reproduction en argent doré, d'autres disent en or, de l'église, pièce d'un beau travail et d'une grande valeur. On n'évalue pas le prix qu'a coûté St-Isaac à moins de 60 à 70 millions de francs.

Du sommet du dôme auquel on monte par 530 marches, on jouit d'un magnifique coup d'œil d'ensemble sur la ville avec ses monuments , ses dômes aux diverses formes et couleurs, ses clochers, ses jardins, formant des taches vertes, et la Néva, à l'embouchure de laquelle de nombreux bateaux garnissent les quais. Au loin au delà, une ligne blanche perdue dans la brume grise : c'est Cronstadt.

D'imposantes processions ont lieu à l'extérieur les jours de fête. Ils sont nombreux en Russie, où en plus des fêtes religieuses , on célèbre les jours anniversaires : de la naissance de l'Empereur, de l'Impératrice, de leur mariage, de l'avènement au trône, et autres encore, de telle sorte que dans une semaine il arrive que l'on compte plusieurs jours de repos. Ce n'est pas toujours sans ennui pour le touriste qui voit alors des monuments à visiter, des musées, rester hermétiquement clos ! La célébration du dimanche est en effet assez scrupuleuse.

Favorisés par les circonstances , nous avons eu la bonne fortune d'assister à la sortie d'un service pour l'Empereur, auquel s'étaient rendus fonctionnaires et militaires ; aussi était-ce fort intéressant d'assister à ce défilé d'officiers en uniformes variés, mais généralement sévères, où l'on distinguait difficilement les grades, peu visibles. Les chevaliers-gardes portent le casque avec l'aigle aux ailes déployées, tandis que la plupart des officiers sont coiffés du bonnet d'astrakan. Les chambellans, que nous retrouverons à Moscou, fort affairés, portent le pantalon gris clair, l'habit chamarré d'or et le tricorne. Les officiers de marine ont une tenue qui rappelle celle des nôtres. Les ordonnances attendaient la plupart d'entre eux pour leur poser sur les épaules ce long et vaste manteau gris, qu'ils portent tous.

Proches de la Cathédrale sont les Casernes et le Manège des chevaliers-gardes, les grands bâtiments de la Poste. Enfin, devant est le jardin qui entoure les vastes bâtiments de l'Amirauté, dont la façade ne mesure pas moins de 420 mètres et qui est surmontée d'un clocher avec une aiguille dorée de 75 mètres de haut. Sur la gauche sont les édifices sévères du St-Synode (pour les affaires ecclésiastiques) et du Sénat ou Cour suprême de justice qui est le premier corps de l'État après le Conseil de l'Empire. Au centre de la place qui les sépare des bâtiments de l'Amirauté et près du fleuve se dresse le célèbre monument de Pierre-le-Grand. Le grand Empereur est représenté couronné de lauriers, à cheval et écrasant un serpent ; le rocher formant socle est d'un effet bizarre, mais l'œuvre en bronze due encore à un Français (Falconet), est d'un beau mouvement. Ce monument qui a coûté environ 1 million est du siècle dernier.

La principale place de St-Pétersbourg, à deux pas de la Néva, est la grande place du Palais. Bornée d'un côté par les jardins de l'Amirauté, du côté du fleuve par le palais d'hiver, elle s'arrondit en un hémicycle de vastes constructions, au centre desquelles est pratiquée une gigantesque arcade, sorte d'arc de triomphe, couronné par un quadrige, et dans lesquelles sont installés les Ministères des Affaires étrangères, des Finances et l'État-major. Au centre se dresse le plus grand monolithe moderne, colonne de 25 mètres de haut sur 4 de diamètre, en granit de Finlande, surmontée d'un ange debout sur un globe tenant une croix de la main gauche et montrant le ciel de la main droite en foulant aux pieds le serpent. Ce monument d'une hauteur totale de 42 mètres a été élevé à la mémoire d'Alexandre Ier.

La visite du Palais d'hiver que ne saurait négliger un touriste, comme celle du célèbre Musée de l'Ermitage, ne peut se faire qu'avec une permission spéciale, dont il est bon de se munir d'avance, et qui nous avait été obtenue par les soins diligents d'un de nos aimables collègues, que je ne nommerai pas, ne voulant pas troubler sa modestie, mais qui me permettra de le remercier au nom de nos collègues pour la façon délicate dont il s'est acquitté des fonctions qu'il avait bien voulu assumer.

Le Palais d'hiver extérieurement présente des façades manquant de hauteur par rapport à leur largeur, composé d'un rez-de-chaussée et de deux étages, du style rococo, surchargé d'ornements, de statues, d'un effet malheureux. De plus, il est peint en rouge.

Dans l'intérieur il existe une vaste cour avec jardin ; à la porte des vieux soldats chevronnés montent la garde, puis sous la conduite de domestiques à la livrée impériale (habit à la française sombre à boutons d'or, avec gilet rouge et houzeaux marrons), nous procédons à la visite dans l'ordre suivant. A droite la chapelle, grande et richement décorée en tons clairs, après une première salle d'entrée. A gauche une grande salle de réception voûtée, en blanc, avec une tribune et ornée de grands lustres, est décorée de bas-reliefs vrais et imités. Aux murs sont des tableaux de batailles comme dans les cinq salons qui suivent, éclairés sur la place. Peu meublés ils renferment des vases, coupes et torchères en cristal, ainsi que des vases de Sèvres aménagés en flambeaux, le tout à l'électricité.

STATUE DE PIERRE-LE-GRAND ET L'AMIRAUTÉ

SAINT-PÉTERSBOURG.

CHÛTES D'IMATRA (Finlande).

Les plafonds sont décorés en grisailles ornementées.

Dans une galerie, aux murs décorés de plats à pain et sel offerts aux Empereurs, sont alignés des tableaux modernes, marines et autres. Des lustres en bronze doré pendent au plafond. Les parquets en sorte de mosaïque de bois, sont généralement d'un joli effet.

En retour, sur le fleuve, un salon doré au plafond blanc et or renferme de belles tables en mosaïque. Puis ce sont : un cabinet Louis XIV cerise, un boudoir Louis XV, une chambre à coucher bleue avec une jolie glace Psyché et des meubles « Boule » suivie de salle de bains et cabinet de toilette, ayant été habités par l'Impératrice douairière. Éclairé en second jour est un salon carré vert d'eau, puis des pièces sans intérêt.

On vous montre encore le cabinet de travail où est mort Alexandre II, transporté après l'attentat, divers appartements et une grande galerie sombre. Le dernier Empereur aimait, paraît-il, à prendre le thé dans une salle ronde éclairée par en haut et peu gaie d'aspect. Près du grand escalier d'honneur, donnant sur le quai, dit escalier de parade ou des ambassadeurs, en marbre de Carrare rehaussé d'ornements dorés, avec vestibule orné de statues, s'ouvrent : la grande salle des Fêtes (de 1,400 mètres de surface), éclairée par 16 fenêtres, décorée en blanc, salle de concert à colonnes à la suite, aux murs garnis de plats d'or et argent offerts à Alexandre II, avec des torchères et lustres en cristal. En suivant : la salle des Maréchaux, avec portraits, la salle dite de Pierre-le-Grand, aux lustres et flambeaux en argent, la salle dite des Armoiries, également avec des plats aux murs, la galerie Alexandre Ier, puis la grande salle des Chevaliers de St-Georges, avec un trône pour les réunions. La salle d'Apollon précède la longue galerie (des portraits des Romanoff). Dans la salle blanche à colonnes dite le « Pavillon » attenant au Jardin d'hiver, on voit une belle mosaïque rapportée d'Italie. C'est un lieu de réception très usité.

Dans le bâtiment annexe du Palais et désigné sous le nom de Nouvel Ermitage, un bel escalier sur le palier duquel est un beau vase en malachite conduit à un salon d'aspect sévère renfermant quelques beaux meubles et des vases divers, suivi d'une série de petits salons donnant sur la Néva. En retour, on vous fait également visiter des appartements privés, confortablement mais simplement meublés, autrefois occupés par l'Empereur, quand il n'était que Grand-Duc.

A côté du Palais est le célèbre Musée de l'Ermitage, un des plus riches de l'Europe. C'est encore là que je conduirai le lecteur, un peu fatigué peut-être de sa visite au Palais, mais dont l'énumération des salles pouvait seule donner une idée de l'importance. Pour le détail je renverrai aux ouvrages spéciaux et aux catalogues, mais je ne puis faire autrement que d'en dire quelques mots pour essayer de faire entrevoir les richesses et les merveilles artistiques qu'il renferme. Fondé par Pierre-le-Grand, dont le nom revient forcément sans cesse, il a été formé et enrichi successivement par les Empereurs, de collections particulières et de commandes faites aux artistes eux-mêmes. L'entrée principale, fort originale, est précédée d'un porche formé de huit pilastres flanqués d'atlantes géants de six mètres de hauteur en granit foncé.

Dans le monumental vestibule, soutenu par des colonnes en granit brun à chapiteaux de marbre, de beaux vases et candélabres ; le vaste escalier est en marbre blanc. La construction en général est fort soignée et en beaux matériaux.

Le rez-de-chaussée est composé de diverses salles de sculpture bien aménagées : ce sont les antiquités égyptiennes et assyriennes, comme dans notre Musée du Louvre, offrant d'intéressants et variés échantillons de statuettes, objets divers et sarcophages, et bas-reliefs assyriens. Les sculptures grecques et romaines occupent

2

sept salles, garnies de statues, bustes et têtes antiques provenant de sources diverses ; parmi ces chefs-d'œuvre deux entre autres sont bien connus : la Vénus de l'Ermitage, restaurée, et la Vénus Taurique. Mais la partie la plus intéressante est la fameuse salle de Kertch , contenant la merveilleuse collection des œuvres d'art et des antiquités du Bosphore Cimmérien. Sa réputation est justement méritée, car pas un musée ne contient peut-être autant de spécimens de la meilleure époque de l'art grec, plus spécialement des IVᵉ et Vᵉ siècles avant J.-Christ. Comme on le sait , c'est le résultat, pour la majeure partie, des fouilles faites en Crimée , dans l'ancienne Chersonèse et sur la côte à Kertch (Panticapée) et aux environs. Des vitrines sont pleines de bijoux et objets précieux de la plus haute valeur, sans parler des vases, ornements, etc., dont l'énumération serait fastidieuse.

D'autres salles renferment des œuvres en bronze , argent, terre cuite, etc. ; puis viennent les dessins et estampes (plus de 200,000) , et dans une dernière salle les antiquités scythes et sibériennes, qui ont une couleur locale toute particulière.

Une partie du Musée qui le met aux premiers rangs, c'est sans contredit l'arsenal et la fameuse collection Basilevsky. Je renonce à décrire les éblouissements de la richesse des merveilles artistiques qui y sont accumulées. On voit là une exposition d'armes et d'armures, comme on ne peut probablement en voir nulle part, surtout pour la richesse et la variété , des ouvrages d'art plus merveilleux les uns que les autres et des plus variés , appartenant à toutes les Écoles et à toutes les époques. Beaucoup d'objets religieux et des meubles , sans parler de cadeaux de grande valeur faits aux Empereurs, comme des selles, enrichies de pierreries, estimées à environ 800,000 fr. pièce. On peut juger par là des prodigieuses richesses qui y sont réunies.

C'est au premier étage qu'on a groupé plus de 1,800 toiles , appartenant aux diverses Écoles et qui placent au premier rang la galerie de l'Ermitage , la plus riche d'Europe en tableaux de l'École hollandaise et en œuvres de Rembrandt particulièrement, qui y est représenté par trente-six chefs-d'œuvre.

Dans notre promenade en ville, nous n'avons pas encore vu les quais de la Néva , qui coule à pleins bords sur une largeur variable ainsi qu'il a déjà été dit, mais généralement trop étendue pour que l'œil puisse bien saisir les deux rives. C'est à l'endroit de sa plus grande largeur que les Palais d'Hiver, de l'Ermitage , Vladimir, Michel et autres jusqu'au Palais de marbre, profilent leurs longues façades, regardant l'île qui porte la Citadelle , dominée par la flèche d'or de l'église St-Pierre et St-Paul , où reposent les Empereurs. Sur le côté , à la pointe formée par les deux bras du fleuve qui en se subdivisant sépare plusieurs îles, se dresse la façade grecque de la Bourse flanquée de deux colonnes rostrales , qui la nuit projettent sur la ville les rayons bleus de leurs foyers électriques. Le dôme proche couronne la Douane et sur le quai en descendant le cours du fleuve , on passe successivement devant l'Académie des Sciences, l'Institut, l'École militaire et l'Académie des Arts, grands édifices d'un intérêt secondaire, quoique le dernier renferme un Musée moderne.

Remontant le fleuve, on trouve après le Palais de marbre le monument de Souvarow, faisant face au pont et derrière lequel s'étend le Champ de Mars ou de parade dont il a déjà été parlé. Une promenade plate assez fréquentée le longe , c'est le Jardin d'Été.

Nous avons parlé de l'église St-Pierre et St-Paul. C'est une visite qu'on ne saurait négliger. Située dans la citadelle , d'un aspect modeste , elle est surmontée d'une haute flèche en cuivre doré de 128 mètres , une des plus élevées qui existent. Elle a été fondée au commencement du siècle dernier et renferme les tombeaux de la famille impériale, dont les corps reposent dans la crypte au-dessous. Des soldats veillent nuit et jour........ Les murs et les piliers sont couverts de trophées de drapeaux et de souvenirs funéraires , parmi lesquels les couronnes en argent dominent. Ce n'est pas sans une légitime et fière émotion que l'on remarque les témoignages de sympathie de la France qui sont représentés par les belles et artistiques couronnes, dons du Président de la République, de l'Armée, de la Marine, de l'Amiral Gervais, des Affaires étrangères, des Agents de change de Paris, de la Chambre de Commerce et de certaines Villes de France. Une grande couronne en bronze a été envoyée par les Russes de Paris. Les tombes sont de simples sarcophages en marbre , couverts de fleurs fraîches que l'on renouvelle tous les trois jours, et au milieu desquelles brillent mystérieuses de petites lampes qui ne s'éteignent jamais. Une quantité de plantes vertes les entourent également. La pensée est gracieuse et touchante tout à la fois , et il règne dans ce suprême asile des grands Empereurs, une atmosphère de paix poétique qui impressionne les plus indifférents.

Sans quitter la Citadelle, si l'on a quelques instants, le Musée d'Artillerie mérite une visite. Il comporte deux étages avec une sorte de chapelle, renfermant le portrait de l'Empereur et des souvenirs historiques que l'on conserve religieusement. Ce sont des armes de diverses époques , des canons plus ou moins curieux formant comme l'histoire de l'artillerie. Certains modèles à culasse, fort anciens, tendraient à confirmer le dicton : qu'il n'y a rien de nouveau sous le soleil. Des sortes de mitrailleuses témoignent d'intéressantes recherches. Des trophées décorent les salles où brillent des armures, des casques, des cuirasses de toutes époques, parmi lesquels figurent de curieux souvenirs des campagnes du Turkestan. Un canon chinois frappe par son aspect bizarre.

Sous des vitrines des vêtements et des armes ayant appartenu à des héros célèbres, à des Empereurs et à Catherine II, la Sémiramis du Nord.

Puisque l'occasion s'en présente , il est bon de rappeler les couleurs nationales russes et de les distinguer. Il existe en effet plusieurs drapeaux bien distincts : celui de la nation aux trois couleurs, blanc, bleu, rouge, en longueur ; celui de l'Empereur, jaune avec l'aigle noir à deux têtes ; celui de l'armée, noir, orange et rouge, et enfin celui que nous avons surtout salué en France , de la marine , blanc avec la croix bleue de St-André.

Sur la même rive et proche de la Citadelle , une petite église en bois à dômes bleus marque la place de la vieille chapelle où eut lieu le mariage de Pierre-le-Grand et de Catherine. A quelques pas de là on conserve religieusement la maisonnette de Maître Pierre (le charpentier de Zaandam), composée de deux pièces, la chambre transformée en chapelle et un bureau, garni d'images, de portraits, de meubles, comme un fauteuil-table , fabriqué par lui , ainsi qu'un Christ en bois , qu'on lui attribue ? Derrière se trouve sa barque. Il faut voir la foule recueillie venant contempler ces reliques ; c'est touchant dans sa simplicité naïve.

Derrière la Citadelle , formant île , s'étend en hémicycle le parc Alexandre , où le peuple vient prendre ses ébats. Ce lieu de divertissement est une sorte de jardin zoologique, peu important du reste, où se trouvent des cafés-concerts et, cela va peut-être étonner le lecteur, un théâtre en plein air. L'animation est surtout grande le soir et le jardin est alors illuminé. On donne des féeries et nous avons assisté à l'histoire fantastique du Petit Poucet avec un ballet fort curieux de bottes de toutes tailles et de tous genres, terminé par une apothéose originale. Les décors avec changements à vue étaient soignés, mais la musique nous écorchait les oreilles.

Le lecteur sera peut-être fatigué de cette visite en ville , aussi pour le reposer, nous prendrons une voiture pour lui faire parcourir les îles qui sont situées au nord. C'est du reste la promenade à la mode et nous y croisons d'élégants équipages. Elles sont reliées par des ponts rustiques et plus ou moins garnies de chalets en bois, d'aspects variés, à toits peints. Ce sont des résidences d'été. On y voit même un théâtre en bois près du modeste château, peint en blanc, propriété de l'Empereur, avec de vastes communs et des serres. A l'extrémité de la promenade, on s'arrête à un terre-plein, d'où la vue s'étend sur la mer avec Cronstadt à l'horizon. Quelques chalets et des appontements où sont amarrés des chaloupes et bateaux de plaisance indiquent le Yacht-Club.

En rentrant en ville, nous traversons une île aux établissements de distractions populaires.

Ces îles sont desservies par des petits bateaux à vapeur, mais il n'existe pas de services sur la Néva dans l'intérieur de la ville, ce qui est une lacune pour une cité de l'importance de St-Pétersbourg. Il en est de même pour les transports en voitures, c'est ainsi qu'en dehors des fiacres, c'est à peine s'il existe des landaus, et on ne connaît pas les breaks et toutes nos grandes voitures de promenade pour sociétés. Avec le temps, il y a lieu de supposer que ces améliorations s'introduiront peu à peu dans les usages du pays.

Avant de voir les environs de Pétersbourg, il faut disposer encore de quelques heures pour compléter la visite, succincte cependant de cette grande ville, dont les Musées pourraient retenir un amateur, je dirais presque, des semaines.

Sans ramener le lecteur au plan, je lui ferai suivre une direction sensiblement parallèle à la Prospect Nevski, mais en partant du Champ de Mars, mentionné plus haut. Une grande construction sur la gauche, c'est le Palais de Sel, avec sa toiture vitrée, sorte de Palais de l'Industrie, avec une petite église. Son nom lui vient de ce qu'il s'élève sur l'emplacement de l'ancien dépôt de sel. Un peu plus loin est l'église Préobrajenski, avec son bizarre entourage de canons debout disposés trois par trois et reliés par des chaînes, enlaçant ainsi le square qui entoure l'église. Ces souvenirs militaires sont turcs et français. A l'intérieur, des drapeaux dont certains n'ont plus que la hampe forment des trophées, et aux murs sont accrochées des clefs de villes et de forteresses. Il existe en Russie un usage dans l'armée, c'est de conserver les vieux étendards, c'est ainsi que l'on voit des régiments qui n'ont plus qu'un bâton avec quelques bribes, comme drapeau. On conserve également dans cette église de l'armée, des vêtements de guerriers et des armes comme le sabre d'Alexandre II.

Le grand jardin, parc aux vastes pelouses, avec pièces d'eau, situé derrière le modeste palais de Tauride, qui renferme une des plus spacieuses salles de la ville, égaye ce quartier, avec sa masse de verdure. Devant et sur le côté sont de vastes casernes. La grosse tour qui élève sa masse sombre auprès du fleuve, est le Château d'eau. Enfin, de loin apparaissent les dômes-flèches élancés du plus vaste couvent de la ville, Smolny, d'un beau plan régulier et majestueux, avec son église au centre, entouré de jardins et présentant une longue façade sur la Néva qui coule à ses pieds. Élevé sur un couvent bâti par Pierre-le-Grand, reconstruit sous Élisabeth et Catherine, l'Impératrice Marie, femme de Paul Ier, compléta ce superbe établissement, où sont élevées de jeunes orphelines et où des veuves de familles nobles trouvent également un asile.

L'église la Résurrection du Rédempteur est d'une grande et imposante simplicité, l'intérieur est blanc et or avec des balustrades de cristal devant les autels. Les tableaux sont modernes ; et tous les objets du culte sont en argent massif.

Il existe encore en ville des monuments intéressants, parmi lesquels quelques Églises, des Musées aux riches collections, qui intéresseraient les amateurs passionnés, mais je craindrais d'abuser de la patience de ceux qui voudront bien me lire.

J'ai parlé des environs de Pétersbourg ; ils sont, du reste, assez connus, et tout le monde a entendu prononcer les noms des grands châteaux impériaux, dont on ne saurait manquer la visite.

Mais on peut combiner la promenade à Péterhof, avec l'excursion fort intéressante et instructive de Cronstadt. Des bateaux à vapeur partant du Pont Nicolas vous y conduisent en une heure et demie ; ce qui vous permet de voir l'embouchure de la Néva. On laisse à droite le quartier de Vassilievskaïa , où les rues sont numérotées à l'américaine, et l'on traverse le port de commerce et de guerre ; derrière les navires rangés le long des quais , parmi lesquels des bâtiments de guerre montrent leurs masses sombres , se profilent les grands toits des chantiers de construction dominés par les cheminées d'usines vomissant la fumée ; à droite , à gauche . on croise des navires ancrés dans le lit du fleuve. Le mouvement des allants et venants, les sifflets des vapeurs , tout cela donne une idée d'activité qui évoque le souvenir de ces grands ports américains qu'on ne saurait oublier lorsqu'on ne les a même qu'entrevus. A gauche, à la sortie, est le Lazaret et la Douane, où une forêt de mâts et une suite de cheminées indiquent la file des navires de tous pays , qui s'alignent le long des quais, attendant leur tour ; parmi eux un vapeur aux cheminées blanches a amené le duc d'Édimbourg.

Quand on entre en mer, la côte se profile plate au nord et se relève légèrement au sud en des hauteurs qui portent divers villages et des châteaux comme Péterhof avec leurs vastes parcs , enfin devant soi , l'île de Cronstadt émerge à peine. Au loin, sur l'eau, des bateaux ont l'air de naviguer dans le ciel , c'est une sorte de mirage qui se produit souvent et tient à de simples effets de colorations. Des pêcheries sur pilotis donnent une note pittoresque , que j'ai déjà retrouvée sous d'autres latitudes , comme sur le Bosphore , par exemple. Des îlots fortifiés annoncent l'approche de Cronstadt, qui avec sa ceinture de forts, peut être considéré comme imprenable.

Le volume d'eau de la Néva est tel , que la mer en baie a à peine un goût saumâtre. Elle gèle l'hiver et l'on circule dessus en traîneau. Mais nous sommes arrivés et débarquons sur un appontement hors des fortifications , au-dessus desquelles apparaissent le grand bâtiment de l'Hôpital et l'Église avec son clocher. Un Russe fort aimable avec qui l'un de nos camarades a lié connaissance nous fait fort gracieusement les honneurs du Cercle de la marine, à défaut de visite de l'Arsenal, dont l'entrée est interdite. On est plus facile chez nous à ce sujet, car les étrangers ont souvent pénétré dans nos arsenaux , soit dit en passant. Aussi la promenade à Cronstadt même ne présente-t-elle qu'un fort médiocre intérêt.

Le Cercle de la Marine. où nous sommes donc admis est vaste et bien installé, il comporte divers salons et une grande salle de fêtes, qui est ornée de beaux vases de Chine et d'une grande coupe de Limoges. Là encore les objets d'art qui décorent les salons sont pour la plupart d'origine française, souvenirs offerts à la suite des démonstrations réciproques de sympathie échangées entre les deux nations. Ce sont entre autres : un surtout de table en argent, cadeau de l'amiral Gervais ; un héraut d'armes en bronze (ville du Havre), des statuettes ou figurines, un sujet en bronze offert par le Palais-Royal de Paris, des émaux, des étendards brodés aux couleurs russes et françaises, et autres objets. Aux murs , des sujets de marine (batailles navales), un joli tableau de Maillart, allégorie, représentant un pêcheur agenouillé devant la Vierge et l'Enfant-Jésus , appuyés sur une barque. Après avoir pris congé de notre hôte, nous regagnons le port pour faire la petite traversée qui devait nous ramener à terre. C'est sur un bateau pittoresquement encombré de voitures de déménagements, de chevaux et de paysans et paysannes finlandaises revenant de vendre leur lait, que nous avons gagné Oranienbaum.

Les groupes de ces femmes aux jupes de couleurs variées et aux fichus leur enveloppant la tête, formaient pour un artiste autant de délicieux petits sujets de genre. Pour compléter le récit d'une de ces bonnes journées de voyage dont on aime à se remémorer le souvenir, surtout quand on a été en bonne et aimable société, il faut ajouter qu'une fois à terre, notre premier mouvement a été de nous précipiter au buffet de la gare, où les garçons étaient littéralement ahuris devant cette invasion d'un nouveau genre. Le voyage donne de l'appétit et la contemplation d'un beau paysage ne nourrit pas....

Une fois rassasiés, une rapide visite de parcs aux pièces d'eau et cascades, où s'élèvent de modestes châteaux, nous faisait utiliser l'attente du train qui devait nous conduire à Péterhof.

Le nom de Péterhof évoque des idées de luxe et de grandeur, à la seule pensée que c'est une des principales résidences de la Cour. Le village, ou plutôt la petite ville de 8,000 âmes de ce nom est littéralement englobée par les parcs impériaux.

Le grand château, construit par Pierre-le-Grand, a été agrandi par Catherine II et complété par l'Empereur Nicolas. Il étale sa longue façade rose et blanche sur la route, et l'on manque de recul pour le bien juger. Aux extrémités, des pavillons, dont l'un est la chapelle, sont surmontés de clochetons dorés. En contre-bas et s'étendant jusqu'à la mer est le parc du Bas.

Au pied même du château deux escaliers de six marches, ornées de statues dorées et de vases, d'un effet criard, forment des cascades tombant dans un bassin au milieu duquel un Samson ouvre la gueule du lion comme pour en faire jaillir une gerbe d'eau qui ne s'élève pas à moins de 25 mètres de hauteur.

A la suite, une sorte de canal flanqué de vasques avec jets d'eau, aboutissant à un petit port, ménage une jolie perspective sur la baie de Cronstadt et la côte lointaine de Finlande.

Sur la gauche du parc du Bas, dont fait partie cet ensemble qui produit un bel effet, quand les eaux jaillissent de toutes parts, se trouvent la Ferme et l'Orangerie, puis un petit château « Marly » avec une grande pièce d'eau.

Quelques grandes allées taillées à la Versailles traversent le parc, orné encore du petit kiosque de l'Ermitage de la Fontaine et colonnade des Lions d'une cascade formée d'un escalier doré, d'un goût équivoque. Deux bassins ornés des statues d'Adam et Ève, se font pendant.

Au bord de la mer, le petit château de Montplaisir, flanqué de deux galeries, renferme quelques tableaux des Écoles italienne, hollandaise et française. On vous montre une modeste cuisine décorée de carreaux de Delft et ornée de plats d'étain où la grande Catherine venait, paraît-il, oublier l'étiquette et les soucis du pouvoir.

Non loin de là, une cascade à plan incliné complète les fantaisies décoratives de ce parc, qu'il ne faut pas chercher à comparer à Versailles, car, pas plus celui-ci que les autres que nous allons visiter, n'égaleront l'œuvre magistrale et hors de pair que nous a laissée le grand Roi Soleil. On a bien cherché à faire grand et à accumuler les richesses, mais cela ne suffit pas, c'est ainsi que le goût artistique est loin d'être satisfait par ce que l'on peut voir dans l'intérieur du château lui-même. Il renferme une suite de salons variés tendus de soies de couleurs, un salon chinois, aux murs décorés de laque et meublé dans le style ; et dans ces pièces des flambeaux, des vases, des lustres en bronze et en porcelaine de Saxe ou autre, ainsi que quelques tableaux. Ce qu'il y a de plus intéressant, ce sont les grands poêles en faïence de Delft, montant jusqu'au plafond, et quelques cheminées en porcelaine. L'ornementation des portes avec leurs chambranles, rehaussée d'or, est lourde et massive. Le cabinet de travail de Nicolas Ier est garni de panneaux de bois sculptés avec soin ; à côté une chambre chinoise. Puis ce sont : une grande salle blanche en stuc, avec appliques, et lustres en bronze doré, la salle des Dames du Palais (bleu et or) avec trop de sculptures (le plafond représente le triomphe de Diane), la grande salle de Pierre-le-Grand avec une belle tapisserie des Gobelins « Pierre-le-Grand sur le lac Ladoga », des portraits et des marines.

Dans la salle à la suite, décorée de marines également, le plafond représente le triomphe de Cérès. La grande salle des Marchands (bleu et or) est de style rococo. Nous arrivons ainsi à l'Escalier d'honneur dont la décoration est loin d'être de bon goût.

Sur le côté du château se trouvent les bâtiments des Dépendances et les vastes Écuries à l'aspect de château-fort de mauvais goût, avec ses murs et ses tours à créneaux. A la suite, le parc Alexandrine, avec ses fermes, et coupé par un lac formant rivière, offre de beaux ombrages. En pendant et plus vaste encore est le parc dit « Jardin anglais » avec un petit château au bord d'un joli lac. Il est bien planté, surtout de sapins. Entre les deux un vaste champ de manœuvres s'étend bordé par une avenue qui conduit à la villa italienne du Belvédère. Du haut de son campanile on a un joli coup d'œil d'ensemble sur les domaines impériaux, dont j'ai essayé de donner une idée. Derrière soi, de nombreuses propriétés sont disséminées dans la campagne, et sur le coteau le château de Babigon, à l'aspect antique avec ses portiques, dresse sa sombre silhouette de granit et de marbre. Deux gares desservant Péterhof dénotent son importance.

Les principaux châteaux impériaux sont, on se le rappelle, en dehors de Péterhof, Gatchina, dont nous avons succinctement parlé et dont l'entrée est interdite, étant la résidence favorite de l'Empereur, et Tsarskoïé-Sélo. Située à vingt verstes de Pétersbourg, c'est une riante ville de 15,000 âmes, avec trois châteaux, huit églises, plusieurs casernes et des hôpitaux et établissements de bienfaisance. On y voit une quantité de maisons de campagne. De même que Péterhof, l'origine en remonte à Pierre-le-Grand, qui a été le créateur universel, on pourrait presque dire, de toute la Russie. Il y fonda un village, qui reçut le nom de Tsarskoïé-Selo (village de l'Empereur).

Le parc impérial se divise en grand ou vieux jardin, petit ou nouveau jardin ou jardin Alexandre. Il est vaste et bien tenu, et agréablement vallonné ; on y voit des kiosques, une mosquée aménagée en bains au bord d'un joli lac, sur lequel de beaux cygnes blancs s'ébattent en quête d'un morceau de pain, des arcs de triomphe, comme celui que l'Empereur Alexandre Ier fit élever à ses « chers compagnons d'armes », un obélisque en marbre et une colonne élevée en l'honneur d'Alexis Orlov, des ponts plus ou moins bizarres sur les rivières et pièces d'eau, des statues, des grottes, des ruines artificielles dont l'une avec une tour, un village chinois, pour loger la suite impériale. Un théâtre chinois et des orangeries et serres s'élèvent aussi dans le parc, ainsi que le pavillon de l'Ermitage, véritable fantaisie, consistant en une grande salle à manger, avec une table à trucs, qui pouvait monter toute servie du rez-de-chaussée et supprimait la présence des domestiques, flanquée de quatre petits salons aux angles. Sur les bords du lac des constructions légères abritent les nombreuses embarcations de la famille impériale.

Quant au château à proprement parler, c'est une grande construction du style rococo de 245 mètres de façade sur une cour semi-circulaire bordée de bas édifices et fermée de chaque côté par de grandes grilles en fer. Il est peint en blanc et vert tendre et chargé d'ornements au-dessus des fenêtres, de vases et de cariatides bronzées. Le tout était autrefois doré. La façade postérieure sur le parc est masquée par les arbres. Le toit est peint en vert. L'intérieur du château et de la chapelle surmontée de clochetons dorés est d'une magnificence extraordinaire, peut-être pas toujours d'un goût parfait, ainsi qu'on pourra s'en rendre compte par une rapide visite.

Commençons par la chapelle dont la décoration rutilante bleue et or étonne tout d'abord ; au-dessus est une vaste tribune ou salon dans le même genre.

Puis de nombreux salons se succèdent, plus ou moins spacieux et variés comme décoration et ameublement.

D'autres salons sont tendus d'étoffes de couleur, bleue, jaune, etc. Ici aussi on remarquera de beaux planchers en marqueterie de bois à dessins et à fleurs, des peintures et de mauvais plafonds, ainsi que des meubles de vilaine forme et d'un goût douteux, par contre quelques très beaux poêles de Delft. Ce qu'il y a de particulièrement curieux, c'est l'enfilade des grands appartements par les portes ouvertes donnant une impression de perspective infinie.

Suivant le culte des reliques si en honneur en Russie, dans la chambre d'Alexandre Ier faisant suite à son salon de réception et à son modeste cabinet de travail, où rien n'a été changé, on voit sur une table de toilette un vieux peigne édenté et une brosse à tête, ayant servi à l'illustre Empereur. Je vois le sourire plisser les lèvres du lecteur, et pourtant je me demande s'il ne faut pas plutôt admirer ce culte respectueux qu'en rire.

Bien que je craigne peut-être d'abuser des énumérations, je ne saurais faire autrement que de décrire sommairement ces somptueux appartements, habités entre autres personnages illustres par Catherine II. Une chambre aux colonnes violettes en verre et au parquet incrusté de nacre est recouverte de porcelaine blanche, tandis qu'une autre est revêtue d'agate.

Entre autres, celles les plus remarquables sont la salle d'Ambre tapissée d'ambre jaune avec une collection de beaux ouvrages également en ambre, la salle d'Argent, où le précieux métal brille partout. La grande salle de bal qui ne mesure pas moins de 43 mètres sur 16 est décorée d'or et de cristal. La salle à manger est ornée de peintures historiques de belle composition. Un escalier en marbre blanc et bien décoré conduit au second étage. Il y a encore la salle des lapis-lazuli, bleu et or, avec meubles et lustres en même pierre, le salon chinois qui se tient comme ensemble, avec sa décoration e son ameublement. Remarque à noter en passant, ces divers salons ne sont pas de même hauteur, ce qui a dû compliquer quelque peu la construction.

Traversons rapidement les anciens appartements d'Empereurs et d'Impératrices, avec la salle de gymnase où les jeunes ducs pouvaient se laisser glisser sur une petite montagne russe, ainsi que l'a fait un de nos aimables compagnons sans craindre de compromettre sa dignité, pour voir une des principales curiosités du château, la galerie-terrasse, circulaire, ornée de nombreux bustes en bronze de personnages célèbres de l'antiquité. De là, la vue embrasse le parc auquel on peut descendre par un escalier en pierre.

Sur la façade postérieure du château sont de modestes appartements privés et des salles de service, ainsi qu'au rez-de-chaussée.

L'Empereur actuel a choisi comme résidence le plus modeste château, construit par Catherine II pour son petit-fils Alexandre Ier, qui présente une colonnade sur la façade postérieure et ne comporte qu'un étage. On ne le visite naturellement pas et il n'offre rien de particulièrement intéressant.

Dans le parc il y a encore un palais du grand-duc Vladimir, un ancien arsenal et une ferme.

J'allais oublier de mentionner une petite pyramide de forme égyptienne, cachée dans la verdure, qui a été élevée à la place où furent enterrés trois chiens favoris de

Catherine II ; on peut sourire , mais on pourrait citer nombre d'excentricités de ce genre beaucoup plus surprenantes.

Une jolie promenade en voiture à travers le beau et pittoresque parc de Pavlovski, plus varié d'aspect, avec ses vallons, ses collines, ses lacs et ses rivières, nous changera de ces visites , dont quelques-uns de nos compagnons semblent vouloir se fatiguer. Comme depuis le commencement du voyage , du reste , un temps superbe nous favorise. La saison est encore peu avancée, il est vrai, mais les bois peu feuillés ont plus de profondeur et de mystère , et la verdure des sapins contraste agréablement avec les tons gris violacés des branchages épais.

Au bout d'une allée se dresse le château du grand-duc Constantin, qui n'y réside pas encore , à voir toutes les fenêtres fermées et les statues elles-mêmes du parc , encore recouvertes de leurs guérites de bois (bonne précaution pour les abriter contre les rigueurs climatériques du pays). Quelques pavillons émaillent également le parc, et dans un coin une petite citadelle, avec ses tours et ses bastions , semble un décor d'opéra-comique, planté là à dessein. A la gare est un Vauxhall , salle de concerts fort fréquentée pendant la belle saison.

Mettant à profit le jour de la fête de l'Empereur, la saint Nicolas, où la ville morne et déserte rappelle une cité anglaise un dimanche , nous allons faire une courte incursion en Finlande, au nord de Pétersbourg.

Partis par un temps superbe, qui met en valeur les charmes printaniers de la campagne , nous voyons se dérouler un paysage plat , mais non dénué d'une certaine poésie mélancolique, de landes entrecoupées de bois sombres de sapins, sur lesquels les troncs des bouleaux à peine feuillés s'enlèvent en clair.

Par-ci par-là la chemise rouge d'un paysan ou quelque fichu de couleur met sa petite tache au tableau champêtre , que meuble une chaumière isolée ou quelques toits d'un village plus ou moins lointain. Des petits lacs bleus par endroits reflètent le ciel et nous rappellent certaines régions suédoises.

La Finlande est en quelque sorte : un État dans l'État. Elle a conservé une certaine autonomie, sa langue et ses coutumes propres, et sa monnaie. Le dialecte finnois se rapproche de l'allemand et s'écrit en caractères romains , aussi voit-on, dans les gares entre autres, les inscriptions mises simultanément en russe et en finnois. La grande attraction pour les touristes ce sont les fameuses chutes ou plutôt rapides d'Imatra qui sont le déversoir du lac Saïma. Un coup d'œil sur la carte est du reste fort curieux , soit dit en passant, pour se rendre compte de cette région toute crevée de milliers de lacs, dont quelques-uns dont les noms sont classiques comptent parmi les plus grands de l'Europe et offrent un aspect tout particulier avec la capricieuse dentelure de leurs côtes et les îles dont ils semés.

La capitale de la Finlande, rappelons-le, située sur le golfe de ce nom, est Helsingfors , port d'une certaine importance relié à Pétersbourg par un service de bateaux. Viborg, par laquelle nous passons, est une des principales villes du grand-duché ; nous en parlerons plus loin.

L'Imatra est composé d'une série de rapides variant d'importance , mais la partie la plus pittoresque est celle où franchissant une sorte de barre , le torrent se précipite impétueux entre des parois sombres de rochers de granit , mêlant ses flots écumants qui roulent les uns sur les autres avec fracas.

La différence de niveau est d'une vingtaine de mètres , sur une largeur de cinquante à peine et une longueur de plus de trois cents. Le spectacle est fort imposant , mais ne saurait soutenir la comparaison avec de belles chutes, comme celles de Trolhattan , en Norvège, par exemple. Un hôtel en bois confortable s'est installé au-dessus et l'on a aménagé de jolies promenades sur chaque rive à travers les bois pittoresquement semés de rochers. On goûte dans cette solitude un repos seulement troublé par la grande voix de la chute qui mugit sans trève jour et nuit, rappelant à l'homme combien il est peu de chose à côté de cette œuvre de la nature.

Au dîner, le soir, nous sablons le champagne que nous offre un de nos compagnons aussi aimable que modeste, et nous buvons au succès de ce voyage si bien commencé. Il faut s'arracher à la contemplation et, après une nuit de repos, prendre la voie du retour. C'est toujours à travers ce paysage, légèrement vallonné, et coupé de lacs et de bois, que nous emportent de courageux petits chevaux rouges tirant des tapissières au toit rond et aux rideaux de toiles, dans lesquels la caravane chantant et plaisantant a pris place. On n'oublie pas ces bonnes journées.... (j'en appelle aux aimables compagnes et aux bons compagnons, que le hazard a réunis pour la circonstance).

Après trente-six kilomètres de descentes et de montées enlevées au grand trot, à la façon norvégienne, nous arrivons au bord d'un de ces jolis lacs, où une auberge en bois se trouve à point pour déjeuner. Là encore nous aurons laissé un souvenir d'affamés ; il est vrai que ces promenades matinales sont bien faites pour ouvrir l'appétit...

Bientôt nous prenions place dans une petite chaloupe à vapeur, chauffée au bois, portant le nom de « Shirkka », avec laquelle nous descendons le canal de Saïma, franchissant diverses écluses, jusqu'au lac au fond duquel apparaît Viborg. Je ne saurais oublier le charme de cette délicieuse navigation, tantôt passant dans un étroit canal et frôlant presque les branches des arbres, tantôt circulant entre des bouées et des balises au travers de lacs peu profonds. De distance en distance la rencontre de quelque lourde péniche, chargée de bois, nous obligeait à ralentir notre marche. A en juger, du reste, par les bateaux rangés le long des quais du port de Junkila et par les énormes amoncellements de bois, il existe un commerce d'une certaine importance dû à l'exploitation des forêts de la contrée.

En se rapprochant de Viborg, petite ville de 17,000 âmes, avec un port dominé par son vieux château, on aperçoit dans la verdure des chalets et des villas coquettement encadrés dans des jardins et des parcs.

Avant de quitter Pétersbourg on me permettra quelques mots au sujet de certaines habitudes de la vie russe qu'il est intéressant pour le voyageur de connaître, car il devra rompre forcément un peu avec sa manière de vivre habituelle.

C'est ainsi qu'en Russie on ne connaît pas l'usage des draps, à la française, je dirais, comme en Allemagne et dans certains autres pays du reste. Au point de vue de la nourriture, la cuisine russe est loin de valoir la nôtre, cela va sans dire, et l'on devra goûter de certains mets nationaux fréquemment servis comme le « borstcht », potage aux betteraves et à la viande et le « stchi », soupe aux choux avec de la crème aigre, des potages aux poissons. On sert les viandes surtout hachées, et du poisson comme l'esturgeon. Enfin l'habitude est de commencer le repas par les « zakouski », hors d'œuvre variés, caviar, etc., que l'on arrose d'un verre de vodka, eau-de-vie le grains. La boisson est la bière « pivo » et le thé « tchaï », dont les Russes, on le sait, absorbent des quantités ; le « samovar » est du reste toujours allumé. Les établissements, cafés ou brasseries n'existent pas à proprement parler, il existe des restaurants ou « traktirs », où l'on peut prendre ses repas ou se rafraîchir, l'usage des apéritifs étant inconnu en Russie.

Poursuivant notre voyage, nous allons gagner Moscou, vers laquelle le peuple russe se porte de tous les coins de l'Empire, sans parler des étrangers, attirés par l'éclat des fêtes qui doivent avoir lieu à l'occasion du couronnement.

Les relations sont plus fréquentes et directes entre les deux grandes capitales, que sur toutes les autres lignes ferrées ; il existe des trains express qui mettent à

peine quatorze heures à franchir les 600 verstes qui séparent Pétersbourg de Moscou.
On trouve même des wagons-lits moyennant un léger supplément.

La contrée que l'on traverse est généralement plate et uniforme, marécageuse parfois. on évite du reste la monotonie du paysage en voyageant la nuit. Quelques villes d'une certaine importance s'échelonnent sur le parcours, comme Novgorod-la-Grande, avec son Kremlin au centre, Staraïa-Roussa, ville d'eaux , célèbre par ses sources salines , qui sont également exploitées pour la consommation. C'est après que la voie ferrée franchit une sorte de chaîne de collines boisées qui forment la ligne de partage des eaux entre le versant de la Baltique et celui du Sud arrosé par le Volga et ses affluents. C'est dans cette région que l'on commence à trouver de nombreux tertres (tumulus), tombeaux, dont la fouille a amené des découvertes fort intéressantes d'objets remontant des temps préhistoriques jusqu'à l'invasion tartare, et que l'on peut voir dans le Musée national de Moscou.

Plus loin encore, on croise le grand canal qui fait communiquer la Caspienne avec la Baltique à travers tout l'Empire. L'origine en remonte à Pierre-le-Grand et l'on a mis un siècle à le terminer. On laisse après des villes comme Rjev et Tver pour atteindre Moscou.

MOSCOU.

Moscou, ce nom sonne bizarrement à l'oreille et évoque le souvenir des merveilles de l'Orient, il est comme la porte entr'ouverte sur ces pays fantastiques dont l'histoire a ébloui notre jeune imagination. Au premier aspect seul de la ville , on se croirait en effet transporté au sein d'une autre civilisation.

La ville sainte des Russes , la Rome de la religion russe , et la cité de la noblesse et du haut commerce, a été primitivement la capitale de l'Empire et le lieu de résidence des tsars jusqu'à Pierre-le-Grand.

Sans vouloir faire l'histoire de cette ville, une des plus curieuses d'Europe certainement, on peut rappeler qu'elle a été fondée au XIIe siècle. Elle acquit une certaine importance au quatorzième, époque à laquelle fut fondé le Kremlin , du mot tartare Kreml, forteresse. Après avoir été dévastée plusieurs fois par les hordes mongoles, elle devint la capitale de l'Empire sous Ivan III. Prise au XVIe siècle par les Tartares de Crimée, elle se vit supplantée par Pétersbourg que venait de fonder Pierre-le-Grand ; puis elle revint en faveur avec ses successeurs. Enfin arriva l'année terrible, dont l'histoire est assez connue ; abandonnée et livrée aux flammes par le comte Rostoptchin , elle n'offrit qu'un monceau de ruines au Grand Empereur, qui dût l'abandonner quelques jours après. L'ordre qu'il avait donné de faire sauter le Kremlin ne reçut pas sa complète exécution. L'année suivante la reconstruction de la ville commença et bientôt elle reprit son rang , devenue plus respectable par le grand rôle qu'elle avait joué dans la grande épopée.

Elle est située sur les rives de la Moskova et de l'Iaouza , dans une plaine fertile sur sept collines. C'est la ville la plus commerçante et la plus industrielle de l'Empire ; sa population de 800,000 âmes, il y a une dizaine d'années, s'est élevée à près d'un million. Elle compte d'après la statistique, 400 églises et chapelles, 21 couvents, dont certains fort importants, près de 500 écoles ou établissements scolaires divers, plus de 100 hôpitaux et hospices et 23 cimetières.

Au point de vue administratif elle est partagée en 17 quartiers.

Elle s'est naturellement accrue successivement autour du noyau central , le Kremlin. La ville tartare , avec son enceinte percée de portes curieuses, s'y est accolée à l'Est, s'appuyant également à la rivière.

Avec le Kremlin, on les désigne sous le nom de Gorod (ville) à proprement parler.

La ville blanche « Biéloïgorod » s'étend autour, c'est la partie élégante, avec de larges rues rayonnant du Kremlin. On y voit des monuments, des palais, théâtres etc., et de beaux et nombreux magasins. Elle est bordée de vastes boulevards. Puis vient la « ville de terre » avec des maisons plus modestes et plus espacées, généralement en bois, avec des jardins, et enfin les faubourgs, entourés de modestes remparts percés de nombreuses portes et habités par la classe pauvre et trop souvent misérable.

Moscou, au premier aspect, a une physionomie bien particulière, elle s'étale largement, et l'on n'y voit pas cette concentration centrale des grandes capitales, les beaux quartiers y sont relativement restreints. On y trouve encore de grands terrains vagues et des jardins, qui tendent à disparaître. Les rues, plutôt larges, sont mal pavées. Les boulevards forment trois cercles concentriques, certains forment des allées de tilleuls et s'élargissent par endroits en squares. Des lacs ou pièces d'eau donnent également une certaine fraîcheur et ajoutent à leurs charmes champêtres. Parmi les grandes voies, la Sadovaïa, rue des Jardins, bordée de maisons souvent isolées et précédées de jardins, s'étend en ceinture autour du centre de la ville sur une longueur de 12 kilomètres.

Le mouvement dans les rues est extraordinaire, et d'autant plus que pour les fêtes du couronnement, c'est par centaines de mille que l'on compte les étrangers, paysans et bourgeois. On y coudoie forcément des gens de toutes les nationalités. En temps ordinaire même cela se produit, car dans le commerce on trouve des représentants de tous pays, entre autres des Allemands, des Italiens, des Français, boutiquiers et gros négociants. Le costume moderne est forcément le plus porté par une certaine classe, mais le peuple a conservé ses vieux vêtements, c'est ainsi que l'on croise le « moujik », paysan portant la barbe longue et broussailleuse, avec sa chemise rouge, son caftan rapiécé ou sa peau de mouton, et ses chaussures d'écorce ou des bottes, coiffé de la casquette, le Persan avec son haut bonnet et le Tartare, aux yeux bridés et au teint foncé, ou bien encore le marchand au bonnet fourré d'ancienne forme, quelques Turcs ou Grecs au fez rouge. On rencontre un grand nombre de popes, à l'aspect plus ou moins propre, avec leur robe mal boutonnée, leurs barbes rougeâtres et leurs longs cheveux bouclés sortant de dessous un vaste et disgracieux chapeau. Leur tenue laisse généralement à désirer, de même que la propreté n'est guère ce qui distingue les gens du peuple !

Les femmes sont vêtues de jupes aux couleurs voyantes, le plus généralement, et portent de lourdes et disgracieuses bottes.

Je ne dirai naturellement rien de la bourgeoisie, dont les femmes suivent les modes de Paris, et encore moins de la haute société et de la noblesse, dont l'éducation et le bon ton sont bien connus. La langue française est usitée dans ce milieu et l'on parle le russe avec la basse classe et les domestiques.

Dans la classe moyenne même, un certain nombre de personnes parlent également notre langue, comme dans l'armée, de la bonne tenue de laquelle j'ai déjà parlé. J'ai vu défiler des régiments et je n'ai pû m'empêcher de remarquer l'aspect de vigueur et la crânerie des jeunes soldats, avec leurs uniformes sombres, les bottes et la toque. A la méthode allemande ils ont des fifres dans leur musique.

Dès notre arrivée en ville, ce qui nous surprend, c'est cet aspect inoubliable d'un peuple en fête. Dès les premiers pas nous ne voyons que rues avec arcs de triomphe en charpente décorés de feuillages, d'emblèmes, de drapeaux, des sortes de reposoirs avec les bustes de l'Empereur et de l'Impératrice, des portraits aux devantures des boutiques, des façades de maisons ornées pittoresquement de feuillages, des oriflammes, des draperies aux couleurs tricolores de la nation. On voit que pour donner plus d'éclat aux fêtes, les habitants n'ont reculé devant rien.

La visite de la ville et de ses monuments nous ayant été plus laborieuse qu'en temps ordinaire , par suite des fêtes et de la difficulté de pénétrer dans le Kremlin pendant le séjour de l'Empereur, nous nous efforcerons de faire une description rationnelle de ce que nous avons vu, sans tenir compte de marches et contre-marches que nous avons dû faire.

A ce sujet, il est bon de faire observer que le mieux pour un touriste, même habitué à se tirer d'affaire avec son guide Baëdeker ou autre, est d'embaucher un guide local, comme on en trouve dans les hôtels, qui par sa connaissance de la langue et de la ville, vous évitera bien des petits ennuis et des contre-temps ; mais il faut tomber sur un homme intelligent, suffisamment instruit et possédant son affaire , comme l'on dit. Certains monuments ne se visitent en effet que certains jours, à des heures fixes , et même pour certains il faut des permissions spéciales , autant d'obstacles et de pertes de temps pour le touriste.

Comme il est toujours intéressant d'avoir une vue d'ensemble pour se rendre compte de la ville et de sa position , nous monterons d'abord au célèbre mont des Moineaux. C'est de là , rapporte l'histoire , que le 14 septembre 1812, Napoléon contempla la ville qu'il avait voulu atteindre et au prix de quels efforts ! Le désir de satisfaire cette ambition immodérée fut la première cause des désastres qui devaient entraîner la chute du conquérant.

La vue s'étend grandiose sur la belle vallée sinueuse de la Moskova, au-dessus de laquelle brillent étincelants les dômes et les flèches d'or parmi les tours et les clochers qui couronnent les blanches murailles et les édifices aux toits de couleur. Ce spectacle merveilleux sous un ciel azuré d'Orient dans l'éblouissement d'un grand soleil, a bien son charme, à l'heure mystérieuse où les couleurs se fondent en une pittoresque silhouette découpant le ciel de bizarres dentelures. Enfin la nuit, quand la blanche Phébé inonde la terre de ses pâles rayons, l'impression doit être étrangement majestueuse.

En une pente rapide et boisée le terrain descend à la rivière, au delà de laquelle les murs blancs du couvent de Novodévitchy, surmontés des dômes et clochetons des églises, s'enlèvent crûment sur le vert paysage qui les entoure, tandis que sur le côté les bizarres clochers du couvent Donskoï dominent la verdure des parcs qui s'étendent au long de l'eau. Un tramway à vapeur conduit à ce poste d'observation, où un restaurant avec véranda-belvédère retient les visiteurs.

Nous sommes loin d'être seuls et beaucoup de personnes ont eu la même pensée que nous, on parle même français dans différents groupes , aussi pour un peu nous croirions-nous un instant transportés sur un coin de la patrie lointaine , comme par un coup de baguette magique.

Nous croisons la mission française, déléguée pour assister aux fêtes du couronnement de l'Empereur, sous la conduite de son chef le sympathique général de Boisdeffre, à qui on a fait une réception enthousiaste, à son passage à Varsovie , comme tous les journaux l'ont, du reste, relaté, applaudissant à ce resserrement de la Grande Alliance.

Il a été parlé du couvent Donskoï, arrêtons-nous y donc en passant, il est du reste un joli spécimen du genre, avec son enceinte fortifiée, flanquée de tours , peinte en rouge avec ornements en blanc, on dirait (ne riez pas !) une belle pièce de pâtisserie pour un banquet aux parfums de fraise et vanille... Au-dessus apparaissent des dômes bizarres blancs avec des étoiles d'or ou de couleurs.

Dans l'église un grand iconostase est tout garni d'images saintes, parmi lesquelles la Vierge célèbre du Don , enrichie de pierreries dont on estime la valeur à plus de deux millions de roubles. Il est difficile, du reste, ainsi qu'il a déjà été dit plus haut, de se faire une idée exacte des richesses de ces couvents russes. Dans l'intérieur du monastère, en dehors de la demeure des moines dont l'un, sentant l'eau-de-vie, devenait encombrant en nous faisant les honneurs de chez lui , il existe un cimetière aux tombes curieuses et aux chapelles funéraires dans le style russe , et une vieille église basse.

On peut regagner le centre de la ville par un de ces tramways qui circulent en tous sens, surtout dans les quartiers plus fréquentés, sans avoir oublié toutefois de donner un coup d'œil au jardin Neskoutchny, dont l'accès est momentanément interdit au public à cause de la présence de l'Empereur, qui pendant les fêtes , doit successivement résider au Palais Alexandre qui s'élève dans ce parc, au Château de Pétrovsky, que nous verrons tont-à-l'heure et au Kremlin.

Le quartier de Moscou qui s'étend au sud de la rivière est peuplé surtout de commerçants et de rentiers. Les rues sont silencieuses et bordées surtout de petites maisons avec jardins. Au passage, nous apercevons une demeure particulière luxueusement construite dans le style russe, dont elle donne un joli échantillon. Quelques voies principales cependant , comme celles convergeant à la grande place Kaloujkaïa sont plus animées. Dans une rue déserte, un musée de peinture ouvre cependant ses portes au public. C'est la galerie Trétiakov, comportant deux étages de salles garnies , au rez-de-chaussée , de dessins et aquarelles, et au-dessus de tableaux de tous genres , dont beaucoup reproduisant des épisodes historiques ou des scènes nationales sont fort instructifs. Nous y retrouvons groupées des œuvres françaises connues, de Bastien Lepage, Corot, Daubigny, Troyon, Meissonnier, J.-P. Laurens, Detaille, Dupré, Fromentin et autres encore. que nous revoyons avec plaisir.

Cinq ponts franchissent la Moskova , dont le grand pont en fer Kamenny ; ils n'offrent rien d'intéressant du reste . si ce n'est le coup d'œil dont on jouit de ce dernier, sur le Kremlin avec ses tours vertes aux formes bizarres , surmontées de la masse jaune du grand Palais et du groupe des églises avec leurs dômes que domine la tour au toit d'or d'Ivan Véliky. Les tours d'angle de la célèbre citadelle sont surmontées de flèches ainsi que les portes.

Le Kremlin , rappelons-le , est situé au centre de la ville, appuyé à la rivière qu'il domine de près de 30 mètres. Il renferme tous les plus précieux souvenirs du passé. C'est un lieu sacré , car c'est là que les tsars sont couronnés et reçoivent la double consécration de leur puissance temporelle et spirituelle. .

Un vieux proverbe dit : au-dessus de Moscou, il n'y a que le Kremlin, et au-dessus du Kremlin, il n'y a que le ciel. C'est un triangle fermé par un mur crénelé , d'une hauteur variant entre 15 à 20 mètres , de deux kilomètres de tour et percé de cinq portes, plus curieuses les unes que les autres. Ce sont : la porte sainte ou du Sauveur, sous laquelle il faut se découvrir, la porte Nicolas , toutes deux sur la grande place Rouge, la porte Troïtsky sur le jardin Alexandre qui longe le Kremlin de ce côté, la porte Borovitsky à un angle et enfin la porte Taïnitsky, sur le quai, au pied d'un vert talus.

L'enceinte enfin est flanquée de dix-huit tours de formes variées et originales.

Un coup d'œil sur le plan complètera du reste cette description.

L'intérieur renferme des églises, des palais et divers édifices, irrégulièrement plantés , laissant de grandes places comme celle du Tsar, dominant le cours de la rivière et la partie de la ville qui s'étend de ce côté, celle de l'Empereur, du Sénat, entre ce monument et l'Arsenal et celle des Cathédrales , autour de laquelle sont groupées les églises.

Si l'on pénètre par la porte sainte , surmontée d'une tour gothique couronnée par l'aigle de Russie , et flanquée à l'extérieur de deux petites chapelles , on trouve à droite le couvent de l'Ascension. Ce grand couvent de femmes renferme deux églises. Il aurait été fondé par la princesse Eudoxie qui s'y serait retirée après la

COUVENT DE DONSKOÏ A MOSCOU
(INTÉRIEUR).

LE DNIÉPER A KIEFF.

COUVENT DE DONSKOÏ A MOSCOU
(EXTÉRIEUR).

mort de son époux, le Grand-Duc Dimitri Donskoï, en 1389. Elle y est inhumée ainsi que les Grandes-Duchesses et les Tsarines jusqu'à la sœur de Pierre Ier. La sacristie conserve des ornements précieux , riches broderies , d'un beau travail et des objets de valeur.

En face cette église couronnée par ses cinq dômes dorés, l'autre n'offre pas d'intérêt. A la suite est le palais Nicolas ou petit palais, où naquit Alexandre II, renfermant des appartements simples, occupés par la famille impériale, pendant le séjour des souverains. Derrière est le couvent des Miracles , le plus riche de Moscou , paraît-il. Ce couvent d'hommes, fondé en 1365, par le Métropolite saint Alexis, devint la résidence des Métropolites, qui l'ont quitté depuis.

Il compte deux églises : St-Alexis, qui renferme un sarcophage en argent contenant les reliques du saint, et l'église St-Michel, plus ancienne. On conserve dans la sacristie de riches et nombreux ornements sacerdotaux et des objets précieux, parmi lesquels un bel Évangile transcrit par saint Alexis lui-même.

Autour de la place des Cathédrales, s'élèvent les églises d'Ivan Véliky avec sa tour, de l'Archange, de l'Annonciation, de l'Assomption et des Douze Apôtres. La première est flanquée de la célèbre tour ou clocher de Jean-le-Grand qui ne mesure pas moins de 82 mètres de hauteur. On compte 450 marches pour franchir les cinq grands étages , coiffés d'un dôme doré qui s'élève au-dessus de tous les dômes et clochers de la ville. Une croix gigantesque de 16 mètres , dont l'équilibre effraye, couronne le tout.

Du haut de cet observatoire, auquel monta Napoléon en 1812, la vue s'étend superbe et étrange sur Moscou avec ses édifices bizarres, empruntés aux architectures fantaisistes de l'Orient et surmontés de dômes, de clochers de formes plus variées et originales les unes que les autres. Au loin, au delà de la ville, avec son ensemble de maisons et de monuments aux toits s'enchevêtrant dans un pittoresque désordre, s'étend la campagne avec les taches vertes des forêts, dont les horizons lointains se confondent avec le ciel. Il y a dans la tour, 34 cloches de différentes grosseurs, dont la plus importante pèse près de 69,000 kilos. Elle ne sonne que dans les grandes occasions.

En 1855, elle est tombée pendant qu'elle sonnait la mort de l'Empereur Nicolas, blessant dix-huit hommes. La nuit de Pâques, paraît-il, la vue du Kremlin tout illuminé, avec la foule du peuple suivant les processions, aux milliers de cierges, brillant dans la nuit, comme des traînées de feu, avec le bruit des chants dominés par les grosses voix des cloches appuyées des éclats de tonnerre du canon, est d'une grandiose et étrange impression, qu'il ne nous a pas malheureusement été permis de ressentir...

Au pied de la tour, sur un socle de granit d'un mètre de haut repose la fameuse grosse cloche, muette pour toujours, La plus grosse du monde, elle est de dimensions vraiment colossales, mesurant 8 mètres de haut, sur 7 m. 50 de diamètre, et 23 m. 50 de tour. Son épaisseur est de 0 m. 27 c. dans la partie haute et de 0 m. 56 c. dans celle inférieure. De curieux bas-reliefs représentant des figures saintes et celles d'Empereurs et d'Impératrices, en décorent l'extérieur. Fondue en 1735 par ordre de l'Impératrice Anne, elle pesait 195,000 kilos ; elle tomba l'année même de son échafaudage et resta brisée sur le sol pendant une centaine d'années, lorsque l'Empereur Nicolas la fit installer par l'architecte Montferrand, comme on la voit de nos jour. Au bas on a laissé le morceau brisé qui ne pèse pas moins de 11,000 kilos.

La cathédrale de l'Archange, du style lombardo-byzantin, avec ses dômes dorés est d'un aspect extérieur simple, elle a été reconstruite au commencement du XVIe siècle sur l'emplacement d'une primitive, élevée à saint Michel. Elle est décorée intérieurement de fresques. C'est là que reposent des princes, au nombre de 47, et des tsars de Kasan. Dans une chapelle est le sarcophage d'Ivan-le-Terrible et ceux de ses deux fils. Des châsses de saints sont l'objet de la vénération des fidèles ; ce sont celles de saint Michel et de saint Dimitry, dernier rejeton de la famille des Rourik, assassiné à l'âge de 6 ans.

Dans le trésor sont des objets du culte et des émaux anciens.

A la suite l'église de l'Annonciation, reconstruite sous Ivan-le-Terrible, est couronnée par neuf dômes. Son escalier couvert extérieur et son cloître-galerie lui donnent un cachet d'originalité. Les murs sont recouverts de fresques ainsi que les coupoles, elles sont du domaine de la fantaisie. La galerie elle-même, du reste, est également décorée. C'est dans cette église qu'étaient baptisés et que se mariaient les tsars. Une belle iconostase est ornée d'icônes vénérées. La sacristie renferme un certain nombre de reliques et des objets du culte de grand prix.

De l'autre côté de la place des Cathédrales et séparée par l'escalier rouge ou des lions, à cause des nobles bêtes qui en ornent les marches, se trouve la cathédrale Ouspensky ou de l'Assomption, où ont lieu les couronnements. C'est par l'escalier rouge que le tsar se rend du palais à l'église pour la cérémonie.

Construite au XVe siècle par un architecte de Bologne sur l'emplacement d'une église primitive, elle a elle aussi subi bien des vicissitudes, pillée ou incendiée plusieurs fois, elle a toujours été reconstruite sur le même plan. Située au centre du Kremlin, elle forme un carré, surmonté d'un dôme central flanqué de quatre petits.

Les murs et les piliers sont décorés, même à l'extérieur, de fresques. Quant à l'intérieur, il est complètement décoré de peintures sur fond or, rappelant un peu l'aspect de St-Marc de Venise. Des têtes colossales de Christ occupent le fond des coupoles. C'est entre les piliers de la nef que se place l'Empereur pour la cérémonie du couronnement.

L'imposante cérémonie où l'Empereur, après les prières dites par les Métropolites, se pose lui-même la couronne sur la tête pour couronner ensuite sa femme, ne se passe que devant la famille et les grands dignitaires, l'église, du reste, aménagée pour la circonstance avec des estrades tendues de rouge, ne pouvant contenir plus de 300 personnes. Au-dessus de l'Empereur un dais est suspendu au plafond.

Je ne dirai donc rien du couronnement en lui-même, dont tous les journaux ont parlé longuement, ni du faste qui l'a entouré, car quelques rares privilégiés ont seuls pû être témoins oculaires du défilé qui a eu lieu entre le palais et l'église de l'Assomption, et dont de nombreuses photographies ont donné une idée.

L'iconostase est en vermeil, découpée à jour et garnie de cinq rangs d'icônes, enrichies à profusion de pierres précieuses. C'est devant que pour sacrer l'Empereur, on lui donne l'onction des saintes huiles. Près de la porte du sanctuaire se trouve la célèbre image de la Vierge de Korsoun de Vladimir, attribuée à saint Luc. On estime son cadre à 200,000 roubles et l'émeraude qui orne le front de la Vierge à 30,000.

Le poids total de l'or, tant de l'iconostase que des vases et objets sacrés est évalué à 5.400 kilogrammes. Les Français, en 1812, avaient tout emporté, mais les Cosaques leur reprirent ce riche butin et offrirent en reconnaissance à l'église un lustre en argent massif, suspendu à la coupole, du poids respectable de 400 kilos. Le sanctuaire renferme un « Mont Sinaï » en or estimé 1.275.000 francs. Dans le fond est le trône du Métropolite. En avant de l'iconostase se trouvent adossés aux piliers les trônes en pierre du patriarche et celui de l'Impératrice.

La sacristie ou trésorerie des Patriarches en dehors, à côté de la petite église des Douze-Apôtres, renferme également des reliques et des objets intéressants et précieux. Ce sont des Évangiles transcrits de la main de tzarines et de grandes-duchesses, dont un, du poids de plus de 60 kilog., n'a pas coûté moins de

200.000 roubles de reliure. Parmi de vieux manuscrits, il en est de Pierre-le-Grand. Puis des vases sacrés, ciboire, calices, patènes, cadeaux d'Empereurs et d'Impératrices, le tabernacle en or d'Ivan-le-Terrible ; deux grandes bouilloires en argent massif pour les huiles saintes, les ampoules pour le couronnement, des ornements précieux et des chasubles et vêtements richement brodés.

Toutes ces énumérations de trésors dont on ne saurait estimer le chiffre colossal parlent assez d'elles-mêmes et sont bien faites pour étonner ; mais nous n'en avons pas fini sans sortir même du Kremlin, qu'on ne saurait quitter sans voir les éblouissantes merveilles du Trésor impérial, que l'on pourrait appeler le Trésor des Trésors.

Situé près de la porte Borovitsky, le palais des Armures renferme une merveilleuse collection et les trésors et joyaux de la Couronne. On fait généralement la visite sous la direction d'un de ces gardiens domestiques, à la livrée impériale, déjà décrite, mais nous avons eu l'avantage en qualité de Français d'être guidés par le conservateur lui-même, dont nous ne saurions oublier la gracieuseté. Cet édifice a été construit par Nicolas Ier vers 1850 ; nous en parcourrons rapidement les salles en ne signalant que les objets les plus intéressants, pour ne pas être taxé du nom de « copiste de catalogue ».

Dans le vestibule, au pied de l'escalier, des armes et armures en trophées et des peintures. Dans les salles à gauche au rez-de-chaussée, on a placé des paravents, cabinets, etc., cadeaux offerts par les missions coréennes et autres, venues pour le couronnement, un bel aigle en ivoire sculpté (travail japonais) masquant des vitrines contenant des services de porcelaine de Sèvres, cadeaux de Napoléon Ier à Alexandre, des lits, dont deux lits de camp de Napoléon pris à la Bérézina, un modèle d'un palais de Kremlin non suivi d'exécution, des trônes riches du khan de Kiva et persan et des objets d'art.

Dans un coin on montre une paire de bottes, qui fait songer aux bottes de sept lieues du Petit Poucet, faites et portées par l'universel Pierre-le-Grand ! Dans la salle suivante, de très riches harnais et selles persanes, d'autres ayant appartenu aux Romanoff.

La salle des carrosses nous rappelle notre visite aux remises impériales de Pétersbourg ; ce sont les carrosses du patriarche Philarète, du tsar Boris Godounov, tout sculpté et doré, de fabrication anglaise, divers autres plus ou moins curieux, le magnifique carrosse de gala de Catherine II, avec des panneaux peints par Boucher, et l'énorme traîneau fermé dans lequel Élisabeth vint de Pétersbourg à Moscou avec 60 chevaux.

Au premier étage, des armures de boyards et de chevaliers, des casques et des cuirasses ayant appartenu à des tsars et à des guerriers illustres, décorent les murs, deux cavaliers armés gardent la porte. Dans la salle à la suite, une très belle et riche collection d'armes de toutes espèces et de diverses époques demanderait des heures, surtout pour un amateur. On y trouve des fusils à répétition d'ingénieux modèles et des spécimens riches de beau travail ; des épées damasquinées, des sabres aux luxueuses poignées, des pistolets surtout des XVIe et XVIIe siècles.

Aux murs, des drapeaux et étendards ; sous vitrines de magnifiques selles (présents des sultans Abdul-Hamid et Sélim à Catherine II), estimées chacune plus de 200.000 roubles. Ornées, l'une de plus de 900 diamants et l'autre de superbes émeraudes.

En suivant, des armes encore, souvenirs historiques, des bijoux, remplissant des vitrines, des décorations, etc., des trônes, n'ayant servi qu'au couronnement de chaque souverain. Nous retrouvons au milieu de tous ces intéressants documents une pièce curieuse, une panoplie fort riche, composée d'un fusil, d'un pistolet et d'une épée avec les accessoires, offerte par la ville de Paris en 1814 au général russe prince Ostensaken ! Je crois que la chose valait la peine d'être notée et je la laisse à la réflexion et à l'appréciation de chacun ! J'allais oublier également la statue en marbre de Napoléon Ier en empereur romain !

C'est ainsi que nous arrivons à la Rotonde, où nous allons être ébloui par l'accumulation de tant de richesses.

Au centre le dais à panaches, que les journaux ont reproduit, et qui a servi à la cérémonie du couronnement, porté par les grands dignitaires, avec l'uniforme de colonel de l'Empereur, qui ne resservira plus jamais et le manteau impérial doublé d'hermine. C'est ainsi du reste que l'on voit divers costumes des tsars. Sur les côtés des trônes, plus curieux et riches les uns que les autres, dont l'un est orné de 9.000 pierres précieuses, celui d'Ivan-le-Terrible, un autre de plus de 2.000, un autre encore de 876 diamants et 1.200 pierres fines, et ceux qui ont servi au dernier couronnement. Dans les vitrines, des sceptres et des diadèmes de formes variées d'un prix inestimable, constellés de diamants aux mille feux, parmi lesquels le fameux Orloff, qui termine le sceptre. On est ébloui littéralement et l'on se croit l'objet d'un rêve féerique.....

Il va sans dire qu'on n'ose plus prononcer de chiffres devant un tel entassement de fortunes ; mais à cette vue on ne peut se défendre de certaines réflexions....

Je n'en puis dire davantage !

Avant de nous en aller, il reste encore une salle fort intéressante meublée d'armoires renfermant une merveilleuse collection de plus d'un millier de pièces d'orfèvrerie (travaux de différents pays) ; mais après ce que nous venons de contempler, ils ne sauraient nous retenir.

Quant au grand palais du Kremlin, avec sa façade sur la Moskova, c'est un monument imposant de 121 mètres de longueur sur 128 mètres de profondeur, construit de 1838 à 1849. Il compte environ 700 pièces diverses et a coûté 12 millions de roubles, dit-on. Malheureusement il ne fallait pas songer à le visiter pendant le séjour des souverains. Néanmoins, pour en donner une idée, nous en ferons une description sommaire puisée à bonne source et contrôlée par les renseignements d'amis qui avaient pû le visiter dans d'autres circonstances. Après un double vestibule on pénètre dans la salle St-Georges, la plus vaste du Kremlin, mesurant 61 mètres de long sur 21 de large et 17 de haut, décorée en blanc et or. Le plafond repose sur 18 piliers et 18 colonnes torses. Sur les murs sont gravés dans le marbre les noms et les dates de création des régiments et les noms des officiers décorés de l'ordre de St-Georges. A la suite, la salle St-Alexandre, mesurant encore plus de 30 mètres de long sur 21 de large et de haut, est éclairée par 14 fenêtres dans l'axe desquels des glaces garnissent les murs. L'éclairage ne compte pas moins de 4.500 bougies. Les parquets des deux salles sont faits d'une quantité de bois différents. La salle du trône St-André est encore de belles proportions avec ses 49 mètres de long, sur 21 de large et 18 de haut. On y voit le trône des Romanoff, porté par deux griffons et couvert d'un dais surmonté de la couronne. La salle des Chevaliers-Gardes la sépare de celle de Ste-Catherine, où se trouve le trône de l'Impératrice. A la suite sont des appartements privés et l'eglise privée de la Nativité de la Vierge. On ne peut voir non plus les appartements du Grand-Duc et une galerie de tableaux.

Il y a encore la salle St-Vladimir, la chambre d'Or, ancienne salle d'audience des patriarches. On arrive ainsi au Vestibule sacré qui précède l'Escalier Rouge. Sur le côté, est le palais à facettes avec une salle basse voûtée ayant un énorme pilier au centre. Ancienne salle d'audience des tsars, c'est la salle où se donne le banquet diplomatique, après le couronnement.

Le Térem ou palais du Belvédère, bâtiment annexe, a quatre étages construits

GROUPE DE PAYSANS ET PAYSANNES AU REPOS.

PLACE KRASNAÏA

(Les nouveaux Bazars. — Église Saint-Basile)

Moscou.

en retrait les uns sur les autres ; les appartements sont meublés à l'antique. A côté,
l'église du Sauveur derrière la Grille d'Or, ainsi nommée de la grille qui la sépare du
vestibule, par lequel on y accède. Enclavée dans le palais la plus ancienne église
de Moscou est celle dite du Sauveur dans la forêt.

Pour terminer la visite si intéressante du Kremlin, il nous reste à jeter un coup
d'œil sur la Caserne, dont la façade est garnie de canons anciens montés sur affûts
pour la plupart, et parmi lesquels on remarque deux pièces monstres aux angles.
Celle de droite est la Licorne fondue en 1670 et pesant 12.000 kilog., celle de gauche
le canon du tsar, surnommé le roi des canons, fut fondu en 1586 sous Féodor Ier : il
pèse 39.000 kilog. et mesure plus de 5 mètres de long, son calibre est de 1 mètre et
il faut 2.000 kilog. de poudre pour projeter ses énormes boulets, peu dangereux relativement. Il est d'une ornementation riche, ainsi que son affût, y compris les roues.
Derrière se trouve le Synode, ancienne maison des Patriarches, avec une bibliothèque renfermant de nombreux manuscrits.

Sur la place du Sénat, en face ce dernier, s'allonge la façade sans caractère de
l'Arsenal, sur le plan de celui de Venise. Il renferme une quantité d'armes et est
garni à l'extérieur de 875 canons, dont 366 français, souvenirs de la grande Retraite,
189 autrichiens, des prussiens, italiens, hollandais, etc., la plus part fort endom-
magés. Le Sénat est une majestueuse construction couronnée par un vaste dôme,
c'est certainement un des plus beaux monuments de la ville. Il n'offre d'intéressant
que la grande salle Ronde.

Nous sommes ainsi arrivés à la porte Nicolas, par où nous sortirons du Kremlin,
pour déboucher sur la grande place Krasnaïa, auprès du Musée historique et vis-à-
vis l'immense façade recoupée par des pavillons des bazars, de style russe, récemment élevés par le Syndicat des Marchands. Cette œuvre gigantesque comporte trois
étages, elle est divisée à l'intérieur par trois galeries à toitures vitrées, recoupées
par trois autres sur la longueur. Les boutiques et magasins ouvrent aux étages
supérieurs sur des sortes de balcons reliés au rez-de-chaussée par des escaliers.
Tout cela est bien aménagé et la plupart des boutiques sont achalandées. Pour
donner une idée de l'importance de cette construction, qu'il me suffise de dire qu'elle
dépasse en proportions les Magasins du Louvre. Elle compte deux annexes, l'une
s'étendant derrière et l'autre à la suite en descendant vers la rivière.

Devant la façade se dresse le monument du boucher Minin et du prince Pojarsky,
les libérateurs de Moscou, assiégée par les Polonais en 1612, et à côté une sorte de
plate-forme ou de tribune indique l'emplacement où eurent lieu jadis les exécutions à
diverses époques, comme sous Ivan-le-Terrible. Les corps étaient abandonnés sur
le sol et les têtes plantées au bout de perches.

A côté s'élève l'édifice le plus bizarre que l'on puisse voir d'une architecture
extraordinairement fantaisiste : c'est la cathédrale St-Basile, ou de la Protection et
de l'Intercession de la Vierge, construite primitivement sous Ivan-le-Terrible, en
souvenir de la prise de Kazan en 1554. L'histoire rapporte que ce prince sangui-
naire fit crever les yeux à l'artiste auteur de l'œuvre, pour qu'il lui fût impossible
d'en reconstruire une pareille. Elle échappa heureusement à l'ordre de la détruire
donné par Napoléon. Intérieurement, elle renferme onze chapelles avec coupole,
décorées d'énormes têtes peintes sur fond or, ayant chacune leur iconostase avec les
images et les ornements. Elles forment avec les étroits corridors qui les relient un
véritable labyrinthe.

Saint Basile est inhumé dans une de ces chapelles. L'intérêt de cette église est
surtout dans son aspect extérieur avec ses dômes dissemblables, à côtes, tordus,
découpés, à facettes ou recouverts d'écailles, surmontés de hautes croix, et peints
de couleurs variées. On peut dire que ce monument est unique en son genre.

En descendant au long de la rivière, on trouve la maison historique des boyards Romanoff, présentant un étage sur rue et quatre sur la cour, par suite de la déclivité du sol.

Dans les appartements du premier est la chambre renfermant un lit en bois et d'autres meubles, dont un vieux coffre, de riches vêtements et les portraits de Philarète et de sa femme, dans le petit salon muni d'un joli poële ainsi que la pièce voisine, on voit quelques vases, une très curieuse pendule et les portraits mîtrés de Michel et Alexis Romanoff. Au rez-de-chaussée est la chambre de nourrice renfermant divers livres et objets et le berceau du premier tsar, ainsi que ses joujoux. Au-dessous sont les salles d'office avec d'anciens bahuts et la cuisine encore bien garnie.

C'est l'occasion de rappeler la généalogie des Romanoff. Le fondateur est le patriarche Philarète qui eut pour fils Michel et pour petit-fils Alexis, le père de Pierre-le-Grand.

Traversant la ville tartare, où se tient surtout le gros commerce, nous prenons la rue centrale d'Iliinka pour en sortir, et chemin faisant nous apercevons la Bourse et un grand bâtiment original, c'est la typographie du Synode. Une fois hors la vieille enceinte, nous traversons un peu à gauche une belle place avec monument au centre, et située devant une ancienne porte voûtée, la Loubianka, d'où part une grande voie qui conduit aux boulevards à la tour Soukharev. C'est le point de départ de lignes de tramways qui s'enfoncent dans la ville dans toutes les directions.

Un peu plus loin, sans quitter les vieux remparts, on trouve la spacieuse place des Théâtres, la plus belle peut-être de Moscou avec la Krasnaïa. Sur cette place de plus de 300 mètres de long s'élèvent : le grand Théâtre à façade ponsive (portique à colonnes ioniques), qui peut contenir 4.000 spectateurs, c'est-à-dire une des plus vastes salles d'Europe, et le petit Théâtre.

Le bâtiment en pendant est un club, avec sa façade théâtrale.

Une large voie « la Pétrovka » sur laquelle donnent divers passages garnis de magasins conduit à la rue du Pont des Maréchaux, une rue des plus commerçantes, qui la coupe pour se prolonger jusqu'à la place Loubianka. Si on poursuit cette rue Pétrovka, sur laquelle est situé un de ces nombreux couvents que l'on trouve dans l'intérieur même de la ville, on atteint encore les boulevards.

Mais poursuivons notre promenade ; sur le côté de la place des Théâtres, à la suite des remparts tartares que nous n'avons pas quittés, la grande construction rouge de la Douma ou Hôtel de Ville nous cache la chapelle Ibérienne, derrière laquelle se dresse l'importante et curieuse construction de style russo-indien du Musée historique, dont la façade pittoresque se dresse sur la Krasnaïa, comme nous l'avons déjà vu. Cette petite chapelle, qui renferme la plus célèbre image sainte de Moscou, copie de la Vierge du couvent du Mont-Athos, date de 1669. L'image de couleur foncée, comme les images saintes en général, est ornée de pierres précieuses, portant de vraies perles sur la tête et une couronne de brillants. Des draperies de brocart d'or complètent sa décoration. Objet de la vénération des fidèles, un Russe ne saurait passer devant sans s'agenouiller ou du moins sans se signer. Le tsar lui-même ne manque jamais de s'y arrêter quand il va au Kremlin à son arrivée à Moscou. Cette image est promenée dans la ville pompeusement, on la porte chez des malades ou dans des habitations particulières, comme pour bénir la demeure, et les familles remettent des offrandes, qui varient naturellement suivant leur condition.

La visite du Musée historique, cet édifice baroque qui n'a pas coûté moins de cinq à six millions, est digne d'intérêt. C'est sous la conduite savante de son aimable conservateur que nous en avons parcouru les différentes salles. On a cherché à suivre un ordre chronologique dans une intelligente restauration des différents âges, avec des décorations de salles en rapport. On a même poussé la recherche jusque dans le style des vitrines fort soignées.

C'est d'abord l'âge de pierre, époque des hâches de silex, que l'on connaît, des os de mammouth, de l'ours des cavernes, provenant surtout de Sibérie et des bords du Don, avec peinture représentant une scène reconstituée du temps. A la suite, l'âge de bronze nous offre des fers de lance, vases, parures, certains en or, de Finlande et Sibérie. Les souvenirs de l'âge de fer, bracelets, agrafes, vases, ornements de chevaux, etc., ont été recueillis en Arménie (Ani et Kars), au Caucase, au pied même du Kasbek. D'intéressantes cartes en relief sont appendues aux murs.

Deux grandes toiles représentent des scènes du paganisme : sur un bûcher on sacrifie des animaux et des prisonniers, et dans l'autre c'est un chef mort que l'on consume dans son bateau entouré de ses femmes.

Notre gracieux conducteur nous explique la formation d'un tumulus, au centre duquel on retrouva l'urne funéraire et les ossements des animaux sacrifiés.

Dans une autre salle une collection d'ornements, colliers, bracelets, agrafes avec pierres de couleur, provient de fouilles faites par le Grand-Duc Serge aux environs de Moscou.

Se rattachant à l'âge de fer, on voit également des masques de morts peints, de Sibérie, de curieux ornements en or de carquois scythes et autres objets, empreints déjà d'influence grecque. D'autres objets remontant à deux siècles avant l'ère chrétienne, trouvés surtout au Caucase, semblent avoir subi l'influence romaine.

Dans les salles de Kercht, dont les murs représentent des vues, il y a peu de chose, tout ayant été installé à l'Ermitage à Pétersbourg. On peut voir aussi des fresques, mosaïques, du commencement de l'art chrétien, des croix, des figures (mélange de christianisme et de paganisme) appartenant à l'époque byzantine. Dans une salle d'antiquités helléniques et scythes, des vitrines renferment de belles coiffures féminines, des étoffes, et des instruments usuels, couteaux, fourchettes émaillés (de la Russie centrale, des XVIIe et XVIIIe siècles). Des objets religieux, de beaux missels du XVIe siècle, sans parler des peintures murales, témoignent encore de l'effort fait pour la constitution de ce Musée qui, se complétant avec les années, sera d'un très haut intérêt au point de vue historique pour la Russie.

A l'étage supérieur du Musée, un groupe de Dames russes de la haute société avait réuni une fort intéressante collection de riches vêtements anciens, surtout de femmes, présentant des spécimens de fort belles étoffes de robes, ainsi que des autres parties du costume et surtout des coiffures des plus pittoresques. Nous n'avons pû nous empêcher de féliciter ces Dames, qui ont bien voulu nous guider avec une aménité parfaite, et nous les avons même engagées à faire profiter d'autres pays que le leur de la visite de cette riche et originale exposition.

Continuant notre promenade circulaire autour du Kremlin, nous arrivons au jardin Alexandre qui le longe et en façade duquel se dressent de grands édifices comme l'Université et le Manège de la ville. L'Université se compose de deux parties, l'ancienne et la nouvelle avec un musée zoologique et une bibliothèque importante.

Derrière se trouve l'ancien Hôtel de Ville et à la suite le Musée Roumiantsov, précédé d'un jardin. Extérieurement, cette construction du style Renaissance a bon air avec sa colonnade, et à l'intérieur, le musée ne manque pas d'intérêt. Les salles de peintures renferment, il est vrai, plus de copies que d'originaux, néanmoins des « Rubens et Rembrandt » entre autres et des toiles de l'École hollandaise sont à voir. Dans une salle on a groupé des antiquités grecques et romaines, dans une autre des sculptures, dont une œuvre de Canova. Une importante bibliothèque de

200.000 volumes occupe les salles du rez-de-chaussée. Mais la partie la plus curieuse et intéressante, c'est une collection ethnographique de personnages, groupés en scènes diverses et représentant les différentes races qui peuplent l'Empire russe et ses colonies, dans leurs costumes variés. Des modèles d'habitations complètent cette exposition ethnographique. Quelques échantillons singuliers de costumes y figurent aussi, comme des vêtements.... ni riez pas.... en peau de poisson ! Nous terminons la visite par une salle où l'on a groupé diverses choses disparates, d'anciennes icônes, de curieux diadèmes en fer, des vases, cristaux, mosaïques, et de jolis coffrets en ivoire sculpté.

La Moskova est à deux pas et la dominant, l'église St-Sauveur, avec ses dômes dorés. De la terrasse, on jouit d'un superbe coup d'œil d'ensemble sur le Kremlin et la ville.... Cette église commémorative élevée en mémoire de la délivrance de Moscou en 1812 (revers des choses d'ici-bas, les Russes nos ennemis d'hier, nos amis d'aujourd'hui), est toute en pierre et en métal, de colossales proportions. Les murs blancs sont percés de longues fenêtres. Elle est coiffée de 5 dômes dorés, dont le principal ne mesure pas moins de 105 mètres de haut, sur 36 mètres de diamètre. L'édifice n'a du reste pas coûté moins d'une cinquantaine de millions.

L'intérieur est tout brillant de dorures et de marbres, sur lesquels sont gravés les noms des batailles, des régiments et des officiers. La richesse de l'iconostase attire l'attention, elle est en marbre blanc d'un beau travail italien et surmontée d'un dôme doré. Dans le sanctuaire on retrouve l'autel doré, le tabernacle et le chandelier à sept bras.

Dans l'église, le long d'un pilier, sont les sièges des souverains.

Nous ne connaissons jusqu'ici que le cœur de Moscou, la partie véritablement intéressante, il est vrai ; pour avoir un aperçu des autres quartiers nous couperons transversalement la ville dans une direction nord-ouest, en suivant la rue la plus importante du reste avec ses nombreux magasins et la plus animée peut-être, la Tverskaïa. C'est la voie qu'a suivie le cortège triomphal pour l'entrée du tsar à Moscou à l'occasion du couronnement. Sur son parcours de plus de deux kilomètres, on rencontre d'abord, en remontant la rue, un marché et l'on coupe quelques rues animées. Un peu plus loin, l'ancien hôtel du gouverneur-général se présente devant une petite place : à un carrefour où l'on traverse la ligne des boulevards circulaires, et où se trouvait l'ancienne porte Tverskaïa, se dresse la statue en bronze du poète Pouchkin, vis-à-vis du couvent de Strastnoï, avec ses trois églises à clochetons. Les deux constructions qui se distinguent des maisons en poursuivant la route sont la Direction de la police et l'Hôtel du gouverneur civil. La rue prend alors le nom de Bolchaïa-Tverskaïa-Jamskaïa pour aboutir à l'Arc-de-triomphe, élevé en l'honneur des exploits d'Alexandre Ier. C'est sur la grande avenue qui fait suite que se trouvent le Champ de courses à gauche et le Palais Pétrovsky à droite.

La vue extérieure du château de l'Empereur est loin de satisfaire le bon goût artistique, avec son enceinte garnie de tours à créneaux et meurtrières, en briques rouges, décorée d'ornements blancs. Quand au palais lui-même d'un style lourd et massif, il est coiffé d'un dôme aplati formant couvercle. Il a été reconstruit sur l'emplacement de celui de Catherine II, habité par Napoléon en 1812 et détruit après son départ. Le parc qui l'entoure, avec pièces d'eau et un théâtre, est d'une grande banalité. Aussi les habitants de Moscou lui préfèrent-ils, et à juste raison, le vaste et beau parc de Sokolniky, situé au nord-est de la ville. C'est une promenade des plus agréables avec ses pelouses, ses profonds sous-bois et ses remarquables sapinières. Ancienne forêt où chassaient jadis les tsars, la population vient aujourd'hui lui demander le repos et la fraîcheur pendant la belle saison. Beaucoup de familles riches y ont même des chalets, perdus dans la verdure.

LE KREMLIN.

COUVENT DE VIDOBITSKY A KIEFF.

Naturellement on y trouve des cafés, restaurants, lieux de plaisir, etc., etc., le peuple vient y prendre ses ébats, ou pour mieux dire s'y distraire sans bruit. Ce sont des groupes regardant silencieusement des jeunes hommes et jeunes femmes exécutant des danses de gestes, rappelant certaines de nos danses campagnardes, bretonnes entre autres. Des montagnes russes (c'est le cas de le dire) attirent des amateurs, ainsi que des baraques foraines et des chevaux de bois. Tout ce monde, aux allures paisibles, grignote des cosses de cette belle plante épanouie de nos jardins qu'elle décore, le « soleil »! Certains se rafraîchissent d'une sorte de citronnade, que des marchands portent dans de grandes carafes en verre, ou de kvass, boisson fermentée faite avec de petites baies sauvages, d'un goût légèrement aigre, ou encore de bière. D'autres enfin boivent du thé assis à des tables autour du samovar que des marchandes vous louent. Elles ont même parfois des cabinets de verdure qui rappellent nos tonnelles de campagne. On fait cercle également autour des orchestres. Le peuple russe, on le sait, est en effet musicien, et il faut voir des groupes chantant ou répondant à un soliste s'accompagnant de l'accordéon, leur instrument favori.

Sans rappeler le dicton : la musique adoucit les mœurs, on ne peut s'empêcher de remarquer les mœurs simples et calmes de ces grands enfants, qui pour la plupart n'ont pas encore subi la perverse influence de nos doctrines avancées. Que pour leur force le ciel les préserve le plus longtemps possible, car le jour de leur décadence sera proche, lorsque, imbus de fausses idées qui auront développé leurs mauvais instincts et déchaîné leurs appétits malsains, ils auront perdu leur foi avec le respect pour leur Empereur....

Revenons au château de Pétrovsky devant lequel s'étend à perte de vue l'immense champ Khodynka, dont le nom s'est gravé dans l'histoire en lettres de sang, hélas, à la suite de l'affreuse poussée qui a coûté la vie à plusieurs milliers d'êtres humains, avides de recevoir un souvenir de cet Empereur bien-aimé.

Pauvre tsar.... car personne n'a pu s'empêcher de plaindre ce « Grand de la terre » qui a été si cruellement frappé, au sein de sa gloire. Dieu a-t-il voulu lui prouver le néant des choses d'ici-bas...?

Tout le monde a lu la description de cette monstrueuse fête populaire, pour laquelle on avait dressé des théâtres en plein air et des jeux, qu'entourait cette foule immense qui du haut des tribunes donnait bien l'aspect de ce que l'on a souvent appelé une marée humaine.

L'Empereur y a fait une courte apparition et sur le parcours il a, comme nous du reste, croisé la longue file de voitures d'ambulances et de prolonges de pompiers, qui emmenaient des charretées de corps à peine recouverts. On ne saurait oublier ce spectacle, ni l'horrible vue des monceaux de cadavres étendus au long des baraques qui avaient servi à la distribution, cause de cet épouvantable accident.

Le lecteur nous excusera d'avoir rappelé ces tristes scènes, que nous n'avons pû taire, en ayant été témoin involontaire.

Nous ne pouvons quitter Moscou sans dire deux mots de sa double ceinture de boulevards en éventail qui s'appuie sur la Moskowa à ses deux extrémités. Ils se succèdent plus ou moins larges, généralement garnis d'arbres à défaut de squares ou de bandes de verdure d'un agréable aspect. On y voit un certain nombre d'édifices publics plus ou moins intéressants, comme la tour Soukharer ou Château d'eau. Ce bâtiment, surmonté d'une tour octogone de 65 mètres de haut, dont l'origine remonte à Pierre-le-Grand, subit différentes destinées : c'est ainsi qu'il servi de lieu de réunion pour les séances du Conseil d'État, puis il devint École navale pendant le siècle dernier, et enfin il renferme aujourd'hui les réservoirs de la ville, d'une contenance de 70.000 hectolitres. A côté est un grand hôpital fondé par le prince Chérémétiev.

On pourrait aussi citer parmi les belles voies, l'avenue sur laquelle s'élèvent voisins un grand cirque, où dans une pièce, féerie nautique, on rappelait la visite de la flotte française à Cronstadt, et un panorama.

Quelques jardins publics ou privés disséminés dans la ville tendent à disparaître. Il a déjà été fait mention des nombreux couvents, églises, etc., et nous n'y reviendrons pas, mais il ne faut pas oublier l'hospice des Enfants trouvés, dans la cour duquel reposent plus de 5.000 Français, victimes de 1812. Cet établissement, qui recueille environ 14.000 enfants annuellement, reçoit une subvention de plus d'un million de roubles.

Avant de quitter Moscou, on ne saurait passer sous silence le célèbre couvent de Troïtsa ou de la Trinité de St-Serge, situé sur la ligne de Jaroslav, à Serghievo, à environ 70 kilomètres au nord-est. C'est un des plus anciens et des plus riches de Russie. Entouré d'une enceinte crénelée, il ne renferme pas moins de 12 églises et chapelles, aux dômes plus fantaisistes les uns que les autres, peints ou dorés ; parmi ses constructions nombreuses, il y a un palais impérial, une académie de théologie, une bibliothèque importante, des établissements de bienfaisance, etc. Inutile de parler de la richesse de ces églises, dont la plus importante est la cathédrale Ouspensky. A côté s'élève son gigantesque clocher de près de 90 mètres de hauteur, portant de nombreuses cloches, dont une du poids de 70.000 kilog., paraît-il, une des plus grosses qui existent, à côté de laquelle notre « Savoyarde » de la cathédrale du Sacré-Cœur à Paris n'est qu'un enfant. Quant au trésor, un des plus riches, on ne saurait au juste calculer sa valeur, que certains estiment à 650 millions de roubles, soit près de 1 milliard 800 millions de francs. Si je cite ces chiffres, c'est pour donner une idée des richesses colossales que compte la Russie, notre alliée et notre débitrice, et qui sont comme un gage de sécurité, soit dit en passant, pour les timorés ou les mal intentionnés.

NIJNI-NOVGOROD.

Il ne faut pas moins de douze heures pour franchir les 410 verstes qui séparent Nijni de Moscou. La contrée que l'on traverse est généralement boisée et assez marécageuse, on franchit à diverses reprises la Kiasma, un tributaire de la grande rivière de l'Oka qui elle-même se déverse dans le Volga. C'est même au confluent de ces dernières que se trouve Nijni-Novgorod. La gare se trouve sur la rive gauche de l'Oka, auprès de la ville où se tient la célèbre foire, à la suite de laquelle on a installée l'Exposition nationale pour l'année courante. C'est sur la rive opposée, dans un site pittoresque, sur de vertes collines séparées par de profonds ravins descendant à la rivière que se trouve la ville à proprement parler, divisée en ville haute et ville basse, formée par le quartier maritime qui s'étend au pied même desdites collines.

Cette disposition donne à la ville un cachet tout particulier.

Peuplée de 70.000 habitants environ, elle est le lieu de rendez-vous de gens de diverses nationalités, c'est ainsi qu'on y coudoie des individus au type asiatique, des provinces du sud de l'Empire et des Tartares surtout.

Le point le plus élevé de la ville est occupé par le Kremlin, aver son enceinte flanquée de onze tours, il renferme le palais du gouverneur et des églises. De la promenade en esplanade que l'on y a aménagée, la vue s'étend superbe sur la ville avec le confluent des deux fleuves, sur lesquels des vapeurs croisent en tous sens au milieu des nombreux chalands et des longs trains de bois et la plaine à perte de vue, en partie inondée à cette époque. En suivant la crête de la colline, de la promenade de l'Otkoss au jardin Alexandre, on peut jeter un coup d'œil pour compléter la vue panoramique.

La ville date du commencement du XIIIe siècle et ce n'est que cent cinquante ans après que le Kremlin fut élevé.

Parmi les églises, la plus intéressante est celle de la Transfiguration, renfermant le tombeau de Kosma Minin, le célèbre héros, et ceux de divers princes et métropolites. On voit également des images réputées comme celle de la Sainte-Mère de Dieu, venant de Constantinople et celle de la Vierge d'Iversky, la crosse de Philarète et deux anciennes bannières de Minin. Le héros a du reste un monument érigé en 1826, qui consiste en un obélisque de granit d'environ vingt mètres de haut. Dans le clocher de la cathédrale de l'Archange, il existe une cloche fondue avec des armures de princes, d'un alliage de cuivre et argent. Au pied du Kremlin, l'église de la Nativité dresse ses cinq dômes verts surmontés de grandes croix.

La ville bien percée de larges voies, avec des maisons peu hautes, dont un certain nombre avec jardin, renferme aussi quelques couvents, comme celui de l'Annonciation avec ses cinq églises et celui de Petchorsky, pittoresquement situé sur un escarpement dominant le Volga. Ses deux églises qui n'offrent rien d'intéressant sont reliées par une originale galerie voûtée.

Comme il a été dit plus haut, la foire se tient sur la rive gauche de l'Oka sur un terrain plat à son confluent avec le Volga, aussi chaque printemps est-il assez régulièrement inondé. Le long des berges de nombreux bateaux peints souvent en couleurs vives chargent et déchargent leurs marchandises, du bois surtout, dont les piles énormes encombrent et gênent la circulation ; à des pontons accostent les bacs et grands bateaux à vapeur à deux étages, qui rappellent les grands steamers fluviaux américains. Ces bateaux desservent l'Oka et le Volga sur tout son cours, long de plusieurs milliers de kilomètres, jusqu'à son embouchure sur la Caspienne. Ce trajet de plusieurs jours est du reste fort monotone, paraît-il. A l'époque de la foire, c'est-à-dire du commencement d'août à fin septembre, on établit un pont de bateaux, long de 900 mètres et large de 25, pour relier la ville à la foire.

Deux mots d'histoire à son sujet : la foire de Nijni-Novgorod doit son origine à la jalousie inspirée aux princes moscovites par le commerce de Kazan, alors ville tartare, où se tenait une grande foire au XIVe siècle. Le tsar Wassily IV Ivanovitch en établit une sur ses domaines à l'embouchure de la Soura, dans le Volga, et fit défendre à ses sujets d'aller à la foire de Kazan. Après la soumission de cette ville, Michel Romanoff transporta la fameuse foire près du couvent Makariev, consacré à saint Macaire, situé à une soixantaine de kilomètres de Nijni. Le jour anniversaire de la mort du saint attirait une foule de pèlerins et marquait l'ouverture de la foire, mais l'endroit était exposé aux inondations et l'on songeait à la changer de place, lorsqu'en 1816 un incendie détruisit tous les magasins. C'est alors qu'on la transféra à Nijni. Les constructions qui ont coûté plus de trois millions de roubles, comportent une soixantaine de magasins et plus de deux mille cinq cents baraques, qui n'ouvrent que pendant la saison. Depuis, les besoins d'agrandissement se sont fait sentir, et actuellement il faut compter plus de cinq mille baraques dont la location rapporte environ 7 millions de francs à l'État.

Le chiffre d'affaires est d'environ 200 millions de francs, et le mouvement des visiteurs varie entre 100 à 250 mille.

La partie primitive de la foire est entourée d'un canal en fer à cheval, autour duquel se sont groupés les agrandissements et les annexes. Pour prévenir les

NIJNI-NOVGOROD (VUE PRISE DE LA VILLE HAUTE).

accidents, il est défendu de fumer, et une amende de vingt-cinq roubles est infligée aux contrevenants.

On se fait souvent une idée fausse de cette foire. Elle est surtout russe et c'est à tort que l'on s'imagine que l'on doit y coudoyer des gens venus de l'Asie, des Indous, des Chinois ou des Persans, cela a pu être raconté par quelque écrivain fantaisiste. Si par hasard on rencontre quelque type de ces régions lointaines, c'est tout à fait exceptionnel. Néanmoins, elle est déjà fort intéressante et pittoresque avec les nombreuses transactions qui s'y opèrent et la foule grouillante et bigarrée qui s'y presse. La variété des costumes des habitants des provinces russes et des pays asiatiques soumis à l'Empire, avec leurs types divers, est déjà un attrait suffisant et présente au touriste des spectacles curieux qu'il trouve difficilement dans d'autres pays.

Parmi les différents articles commerciaux qui se négocient, il faut citer en première ligne le thé, objet de consommation si grande en Russie. Il en arrive plus de cent mille balles par an. Les fers, les fourrures, les soieries, les étoffes variées, les tapis, et surtout des denrées comme les amandes, pêches sèches, noix, dattes, raisins secs, etc., sont surtout les marchandises donnant lieu à la plus grande transaction. Il s'y vend et achète aussi des quantités énormes de poissons secs ou salés et de caviar, par centaines de milliers de kilos, sans parler du poisson frais.

L'hôtel du gouvernement se dresse à peu près au centre de cette ville, morte pendant de longs mois chaque année. Il renferme un bazar au rez-de-chaussée et une galerie où des concerts se font entendre. Devant est le boulevard avec des magasins de modes et de bijouterie, et à son extrémité la cathédrale de la Foire, avec ses cloches et ses dômes. Près d'elle est l'église arménienne. Les musulmans y possèdent une mosquée tartare. Il existe aussi un théâtre et des sortes de halles en fer et en verre, servant de bazars et de salle de concert pour le soir. Plus loin est la Galerie persane, où l'on vend des produits du pays, comme au Karavan Séraï, du reste, qui est le grand marché des tapis.

A l'époque de la foire la saison est généralement belle, mais la température est élevée, et l'on y souffre de la chaleur.

Nous nous sommes logés dans un de ces grands hôtels tout en bois, installés en vue de l'Exposition non encore terminée et que l'Empereur doit inaugurer le mois prochain. Plusieurs de ces caravansérails modernes montés pour la circonstance offrent une particularité originale, c'est que par leurs dispositions, leur cour-jardin sert de café-concert avec théâtre en plein air.

On y trouve jusqu'à une marchande de fleurs.... artificielles, dont la marchandise peut ainsi attendre.

Les habitants de l'hôtel en jouissent naturellement et quelquefois plus qu'ils ne le désireraient.... A l'extrémité d'une avenue de création récente partant de la gare et desservie par un tramway électrique, se dressent les bâtiments de l'Exposition, dont la visite nous donnera toujours une idée, car si en pareille matière le contenu ne change que peu relativement, par contre on s'ingénie à rechercher des dispositions et des formes plus ou moins nouvelles pour le contenant.

Un portique sert d'entrée à l'Exposition et derrière se dresse un obélisque. Dans l'axe une pièce d'eau précède le grand palais circulaire central des Arts et Manufactures, sans cachet particulier. A gauche, le palais des Beaux-Arts dresse sa blanche et classique façade, tandis que le palais asiatique à droite attire le regard avec sa porte de mosquée surmontée d'un dôme flanqué de minarets à jours et ses kiosques aux extrémités, c'est certainement le monument le plus réussi de l'Exposition. A la suite, la grande halle en fer, l'inévitable galerie des Machines. Le palais de la Sibérie allonge sa façade originale le long de la pièce d'eau. Vers le fond de l'Exposition, divers édifices, dans la construction desquels le fer et le bois dominent, comme les monuments où sont groupées toutes choses relatives à l'Agriculture, à la Navigation. A l'extrémité, et c'est là une disposition spéciale, d'énormes écuries et un padock suivi d'un champ de courses. On s'explique du reste fort bien l'importance donnée à cette partie de l'Exposition, la Russie étant avec ses grandes plaines un pays où l'élevage occupe une grande place dans l'exploitation du sol.

Je passerai sous silence tous les bâtiments annexes situés sur la droite où figurent toutes sortes de machines. Dans la section chemins de fer, sous une rotonde au milieu de locomotives et wagons, figure la voiture impériale, aménagée avec tout le confort moderne.

Sur la gauche, des fermes modèles, en bois, la pavillon de la Volaille avec sa galerie ; en troncs de bouleaux naturels, celui des Forets. A la suite, en retour, les monuments plus lourds et sans cachet des ministères de la Guerre et de la Marine, et enfin, un édifice surmonté d'un dôme d'une forme plus gracieuse renfermant une salle de concert et de réunion.

En dehors de ces principales constructions, se dressent les palais, le nom est un peu pompeux, les plus ou moins importants édifices de sections secondaires ou de gouvernements et provinces, et enfin, suivant l'usage, une quantité de pavillons, de restaurants, kiosques, ou simples réclames, comme la grande bouteille d'une marque de bière fort connue en Russie (la bière de l'alliance franco-russe)·

Parmi les pavillons, en bois naturellement, généralement bien dessinés, sveltes et légers, dans la construction desquels excellent les Russes, comme les Suédois et les Norvégiens du reste, moins souples peut-être cependant, se distingue entre tous le pavillon Impérial, avec ses soubassements en bois apparents et sa flèche élancée.

Un petit tramway électrique circule à travers l'Exposition, cherchant sa route au milieu des jardins.

Au résumé, l'Exposition, qui occupe une surface de 84 hectares, comporte vingt sections réparties en 55 palais ou grands pavillons et 117 pavillons ou kiosques privés, au milieu d'un parc avec pièces d'eau, créé pour la circonstance. D'un beau plan d'ensemble, elle se présente bien, et il n'y a pas de doute qu'elle n'attire en dehors des Russes, qui s'y rendent de tous les coins de l'Empire, un grand nombre d'étrangers.

Dans le cours de notre visite nous avons eu la bonne fortune de rencontrer un de nos amis qui, Français, à la tête d'une grosse industrie, créée par lui en Russie, venait surveiller l'installation de son exposition.... Voilà encore bien là un résultat de la grande alliance.

Jusqu'à notre époque, les chemins de fer russes n'ont pas poussé leurs lignes plus à l'Est, à l'exception du grand Transsibérien, dont il a beaucoup été parlé dans ces derniers temps ; il semble en effet que l'on ait reculé devant les dépenses nécessitées par la traversée de ce large Volga, car c'est sur ses bords que l'on s'est arrêté en divers points. De plus, on peut presque dire que la Sibérie commence au delà sur le versant européen de l'Oural. Aussi reviendrons-nous sur nos pas à Moscou pour prendre la voie du retour vers la France.

KIEFF.

Adieu ou peut-être au revoir, c'est là ce que nous sommes tentés de laisser échapper, en quittant la grande cité moscovite, si pleine d'attraits, et qui pour quelques jours que nous y avons séjourné nous laissera un ineffaçable souvenir. C'est comme à regret que nous voyons disparaître dans le lointain horizon ces imposants palais et ces églises aux clochers bizarres avec leurs dômes et leurs coupoles dont l'or et les couleurs brillent dans le bleu du ciel ; les dominant tous, le blanc clocher d'Ivan Véliky se dresse comme un géant portant la couronne d'or, resplendissante sous les rayons du soleil. On ne peut s'arracher à la contemplation de ce spectacle qui, une fois disparu, semble un rêve féerique, et l'on se demande si l'on n'a pas été le jouet d'une illusion. Oui, tous ceux à qui il a été donné de voir ce grandiose et merveilleux décor, sont là pour le dire.

C'est maintenant vers la Ville Sainte que nous courons de toute la vitesse d'un express, aussi nous faudra-t-il pour parcourir 944 verstes vingt-huit heures ; il est vrai que par un train ordinaire nous en mettrions plus de cinquante. La campagne s'étend verdoyante, mais toujours bien monotone.

Quelques rares villes ou villages, comme Serpoukhov, avec les inévitables dômes de ses églises, un grand couvent aux murs blancs et son port sur l'Oka, où d'immenses trains de bois obstruent le cours de la rivière. Nous avions jusqu'ici jou d'une agréable température, bien que le soleil printanier fût déjà chaud, et à Nijni même nous avions eu presque froid, mais assez brusquement il nous a fallu faire connaissance avec les chaleurs désagréables, qu'il n'est pas rare de trouver l'été en Russie C'est ainsi que nous avons vu le thermomètre monter à + 30 degrés centigrades la nuit dans l'intérieur du wagon. La contrée assez boisée se vallonne légèrement. Aux stations, de petites paysannes aux robes de couleur se précipitent pour vendre aux voyageurs du lait et des fleurs, l'utile et l'agréable... On ne peut pas dire que ces gens-là sont des sauvages !

A Toula, la célèbre fabrique d'armes, dont on nous montre des modèles exposés à la gare, le train nous laisse, suivant l'usage, un petit quart d'heure pour avaler, c'est le cas de le dire, un plat quelconque et nous rafraîchir, sans souci de nos estomacs qui ne sont pas acclimatés à ce régime. Plus loin, dans la campagne, des femmes travaillant aux champs portent encore d'anciens costumes, qui ici comme ailleurs disparaîtront avec le temps.

Plus nous descendons vers le sud, plus les jours et les nuits s'équilibrent; nous nous rapprochons en effet de nos latitudes.

Vers 2 heures du matin, à Orel, nous laissons à gauche la ligne qui va se prolongeant jusqu'en Crimée. Au matin, le paysage s'étend toujours peu varié à perte de vue ; comme cela nous est déjà arrivé à Nijni, nous sommes incommodés par de petits moustiques, bien heureux d'en être quittes à si bon marché, car malheureusement des voyageurs ont souvent eu à se plaindre de la propreté, même dans des hôtels de bonne apparence.

Nous effectuons ce parcours dans un wagon spécial rappelant les fameux « Pulmann Car Palace » d'Amérique, c'est-à-dire garni de fauteuils confortables isolés, qui la nuit se transforment en canapés-lits par l'abaissement du dossier et l'allongement de l'assise; on y est du reste fort bien. Il serait à souhaiter que nos Compagnies de chemins de fer adoptent ce modèle, à titre d'essai tout au moins, car il est honteux d'être obligé d'en passer par les fourches caudines d'une Compagnie de wagons-lits, quand on veut s'étendre la nuit. Mais la routine est là.... et quand en sortirons-nous, malgré les louables efforts déjà faits par certaines grandes Compagnies.

Chemin faisant, de pauvres villages aux huttes en bois, recouvertes de chaume, défilent rapidement avec leurs petits moulins sur pivots aux ailes en bois. Toujours la plaine et des marais, avec quelques ondulations du sol ; la vigne fait son apparition. Puis au loin une ligne de collines barre l'horizon, nous arrivons, et bientôt apparaissent dans la verdure des clochers, des coupoles dorées, c'est Kieff. On franchit sur un grand pont tubulaire de 750 mètres de long le Dniéper aux eaux rougeâtres qui coule rapide au pied de falaises toutes boisées, dont la hauteur varie entre 100 et 130 mètres de haut. Dans un pli de terrain se cache le couvent Vidobitsky. La voie ferrée décrit alors un long circuit autour de la ville, qui apparaît dans la verdure avec ses maisons, ses monuments et ses églises aux nombreux clochers ; elle s'étage pittoresquement sur le flanc des collines que l'on vient de voir se terminant brusquement en falaises au-dessus du fleuve, un des plus considérables de Russie, comme chacun sait.

La « Jérusalem russe » comme on l'a parfois surnommée, est une grande ville de 170.000 habitants, siège d'un archevêché, d'un gouvernement, etc... , tout ce que comporte en un mot une ville de cette importance, c'est de plus une ville de commerce et de transit par sa situation sur le fleuve, qui de la mer Noire pénètre au cœur de la Russie. Elle doit sa célébrité à ses nombreuses églises et à ses couvents, visités chaque année par d'innombrables pèlerins. Au point de vue du touriste, il est juste de dire qu'elle présente moins d'intérêt artistique que Moscou.

L'origine de Kieff ou Kiev remonte au IX\ siècle, aussi l'a-t-on appelée la mère des villes de Russie. Sainte Olga y fonda la première église, et la religion chrétienne devint religion d'État sous son petit-fils Vladimir-le-Saint. Les princes ses successeurs y régnèrent jusqu'au milieu du XII\ siècle. L'histoire la cite comme la ville la plus importante après Constantinople vers cette époque, où elle fut détruite par un immense incendie. Au siècle suivant, relevée de ses ruines, elle fut saccagée par les Tartares. Tombée au pouvoir des Polonais en 1386, elle partagea leur sort et fut définitivement rendue à la Russie. Le métropolite de Kiev occupait le premier rang jusqu'au jour où il dût céder le pas au patriarche de Moscou, devenue capitale de l'Empire.

La ville se divise en plusieurs parties distinctes, le Podol ou ville basse au long du fleuve et la ville haute, qui elle-même comporte trois quartiers distincts, la ville des Grottes avec la citadelle et le célèbre couvent de la Lavra au sud-est, le vieux Kieff, plus peuplé , et la « ville des Tilleuls » habitée surtout par l'aristocratie et le haut négoce, percés tous deux de larges et belles voies, généralement bien construites. La principale est le Krestchatik, longue de plus de un kilomètre et large de plus de vingt mètres, sur laquelle sont les principaux magasins et les édifices publics, comme le modeste Hôtel de Ville avec son beffroi, la Poste, la Bourse et l'Hôtel de la Noblesse, construction sans intérêt. La rue se poursuit en pente rapide jusqu'au bord du fleuve.

Avant la descente, on trouve à droite au milieu de jardins, d'où la vue s'étend superbe sur la vallée inondée aux lointains horizons, des lieux de divertissement comme le Château des Fleurs avec un orchestre qui joue le soir en plein air et un théâtre d'été, et un établissement où l'on débite des eaux minérales factices... A la suite, s'étend en terrasse le Parc avec le modeste Château Impérial dans le style de la Renaissance française. A gauche, un joli et pittoresque jardin superpose ses terrasses, où le public vient se promener le soir et respirer la fraîcheur après les chaudes journées de l'été, devant un vaste panorama où le fleuve coule en un long ruban lumineux au milieu des plaines sans bornes, dont les fonds s'estompent dans le bleu violacé si cher aux paysagistes.

A voir les gens que l'on croise dans la rue, à la tournure des femmes, on sent que l'on se rapproche de la vieille Europe. Par sa position pittoresque, la ville est loin d'être plane, aussi les rues, mal pavées en général, présentent-elles souvent de fortes déclivités ; cela n'a pas empêché d'y installer des tramways électriques, à conduite sur poteaux, qui profitent des pentes pour se laisser glisser par leur propre poids, procédé non sans danger et par trop américain peut-être, malgré les freins.

PÈLERINS A LA LAVRA.

PORTE D'ENTRÉE DE LA LAVRA.

Tout l'intérêt de Kieff se concentre, comme il a déjà été dit, autour des couvents que nous allons rapidement parcourir, en commençant par la célèbre Lavra.

Il ne sera pas difficile de trouver le chemin qui y mène, on n'aura qu'à suivre ces nombreux pèlerins qui s'y rendent en bandes. Un homme sert souvent de chef de file à des groupes de femmes ; et il faut voir ces braves gens, aux costumes plus ou moins sordides, à qui les intempéries ont parfois donné une couleur qu'un peintre chercherait vainement sur sa palette, cheminant paisiblement le sac au dos et le bâton à la main. Souvent on voit passer sous leurs vêtements la longue chemise ; certaines portent des tabliers, et en général, comme il a déjà été dit, elles recherchent les couleurs voyantes et surtout le rouge. La tête est enveloppée d'un fichu ou d'une sorte de bonnet et les pieds sont chaussés de bottes peu gracieuses, quoique parfois elles soient ornées de dessins de couleurs, ou de gros chaussons tressés, et dans ce cas le bas des jambes est entortillé dans des bandes de toile. Quelques mères de famille portent leur enfant sur le dos. Tout ce pauvre monde, venu souvent de bien loin, va et vient, campe à droite à gauche, et fait sa popote au long du chemin. Autant de petits groupes pittoresques bien faits pour solliciter le crayon ou le pinceau ou à leur défaut l'appareil photographique.

Après avoir franchi la porte Saint-Nicolas, nous entrons dans la Citadelle, et des petites boutiques, où l'on vend des objets de piété et aussi des articles de consommation et des rafraîchissements, nous annonce l'approche du célèbre Couvent, dont l'entrée principale fort curieuse se dresse vis-à-vis l'Arsenal. C'est la porte sainte, décorée de fresques relatives à saint Antoine et à saint Théodose, qui donne accès à la grande cour au milieu de laquelle s'élève le grand clocher de près de 100 mètres de haut, précédant l'Église, littéralement envahie par la foule des pèlerins, à laquelle il est plus ou moins agréable de se mêler et dont l'odeur, j'en demande pardon à mes lectrices et lecteurs, ne rappelle en rien celle du cuir de Russie.

L'origine du couvent remonte jusqu'à l'an 1000, il aurait été érigé à l'emplacement du lieu de la retraite de l'ermite Hilarion, qui s'était réfugié dans une grotte au-dessus du fleuve. Le moine Antoine vint prendre sa place avec des compagnons comme saint Théodose. Leur réputation de sainteté attira même des princes, dont l'un devint le premier abbé. Le couvent acquit alors une grande réputation, et il est encore un des plus réputés et des plus riches de Russie. Au XIIe siècle, il fut élevé au rang de Lavra, comme les couvents de St-Alexandre-Nevsky à Pétersbourg et de Troïtsa près Moscou, c'est-à-dire désigné comme lieu de résidence de métropolite et en même temps de grand séminaire.

La cathédrale de l'Assomption, surmontée de ses sept dômes, est d'une grande richesse, elle possède une iconostase en vermeil, don de Pierre-le-Grand. Parmi les images saintes, une Vierge éblouissante de pierres précieuses passe pour la plus ancienne de Russie. On en estime la valeur à près de trois millions de francs. Elle est l'objet de la vénération des fidèles qui par leurs offrandes enrichissent le couvent, dont la fortune est considérable. Il possède en plus d'autres sources de revenus comme une imprimerie d'images religieuses et une boulangerie pour les hosties et les pains bénits qui lui rapporteraient, paraît-il, plusieurs centaines de mille francs par an. L'église, où règne toujours une demi-obscurité, renferme aussi un remarquable sarcophage avec les reliques de saint Théodose et une châsse contenant la tête de saint Vladimir.

D'autres églises, comme celle de la Vierge aux dômes dorés, de l'Érection de la Croix, de Ste-Anne et diverses chapelles, n'offrent pas d'intérêt spécial.

Une curiosité toute particulière et originale du couvent, ce sont les grottes, formant deux groupes, celles de St-Antoine et de St-Théodose. On y accède par de

longues galeries couvertes, en bois, descendant le long des falaises toutes ver-
doyantes. Ces grottes se composent de galeries d'environ deux mètres de haut sur
moins d'un mètre de large, creusées dans le calcaire et formant comme une sorte de
labyrinthe où l'on vous guide. 73 saints reposent dans des niches, parmi lesquels
les fondateurs du couvent, leurs corps momifiés, revêtus d'ornements, sont exposés
dans les cercueils ouverts. Dans des reliquaires des crânes, suant l'huile, dit notre
guide ! De petits espaces carrés transformés en chapelles ont servi de cellules aux
ermites. On vous montre une tête sortant de terre, celle de Jean qui, rapporte la
tradition, vécut vingt ans enterré jusqu'au cou..... La visite en est fort curieuse
mais peu agréable, au milieu de ce peuple qui s'y presse, chacun portant son petit
cierge, sentant la cire et le miel.

Des légions de pèlerins y affluent toute l'année (plus de deux cent mille en
moyenne, mais le chiffre s'en est élevé jusqu'à un million). Aussi a-t-on créé des
bâtiments spéciaux pour les héberger, et divisés en deux catégories, les payants et
les non payants. On loge ces derniers dans des salles communes garnies de lits de
corps de garde en bois, formant coffre, et on leur distribue de la soupe dans des
réfectoires dont la vue n'est pas engageante. C'est un véritable étalage d'infirmités
et de misères que cette foule, religieusement recueillie, qui nous regarde passer
sans qu'on lise dans ses yeux des sentiments de haine et de jalousie. Heureux
ignorants, puissent-ils ne jamais ressentir les terribles désirs de la jouissance
moderne !

Quittons le couvent pour descendre par une route pittoresque en lacets et bien
ombragée jusqu'au bord du fleuve. A mi-hauteur, le mont Askold offre un beau point
de vue, avec son cimetière d'où les Juifs sont exclus et qui est recherché par la
classe riche (les concessions en sont d'un prix fort élevé, jusqu'à plusieurs milliers
de roubles). C'est ainsi qu'on arrive au grand pont suspendu Nicolas, de plus d'un
kilomètre de long, et qu'en longeant la rive on rejoint le faubourg du Podol avec son
port animé où se pressent les longues péniches et les bateaux à vapeur, qui font le
service du Dniéper, le descendant ou le remontant ou ne faisant simplement que de
le traverser pour desservir l'autre rive. Certains conduisent à un pauvre faubourg,
inondé chaque année, et appelé pour cela « Venise », par dérision, je pense.

Au centre du Podol, sur la place du Marché, est la maison des Contrats, où se
traitaient les marchés de sucre autrefois, à côté le bazar et vis à vis le couvent de
Batsky, auquel est lié le souvenir du fameux hetman des Cosaques, Mazeppa. Derrière se trouve la plus ancienne Académie ecclésiastique de Russie.

La place est dominée par l'église St-André, avec ses colonnes effritées et ses
dômes d'argent, perchée sur une terrasse à l'extrémité du vieux Kieff. Plus loin, le
monastère St-Michel, avec ses églises dont les sept dômes élancés se voient de toute
la ville, possède une riche image de l'archange saint Michel, portée par l'Empereur
Alexandre pendant les guerres contre Napoléon. Dans une chapelle, un sarcophage
d'argent renferme les reliques de sainte Barbe.

La cathédrale qui se dresse à l'extrémité du boulevard, vis à vis au delà de la
bizarre statue équestre d'un hetman cosaque est Ste-Sophie, elle est aussi en grande
vénération.

C'est une des plus vieilles églises de Russie, datant du commencement du
XIe siècle. Par sa riche décoration intérieure de fresques sur fond or et de mosaïques, elle rappelle St-Marc de Venise.

On vous montre le prétendu tombeau en marbre blanc d'Iaroslav Ier ; à côté
reposent des Métropolites.

Pour terminer la visite de Kieff, il nous resterait à voir le monument de sainte

Irène, qui ne nous arrêtera pas plus que les substructions de la Porte Dorée, nom bien prétentieux, le grand édifice de l'Université, avec le joli et fort pittoresque jardin public, où la main de l'homme a intelligemment et artistiquement laissé la nature à elle-même, et la nouvelle cathédrale dans le style gréco-byzantin. Elle doit être prochainement inaugurée par l'Empereur. A l'intérieur, elle est ornée de fresques sur fond or, et les murs sont couverts de grandes peintures représentant la Création du Monde, le Jugement dernier, le Baptême des premiers Chrétiens par saint Vladimir et autres sujets, tous traités par le même artiste. Le marbre est entré dans la décoration de l'iconostase, en colonnes et en balustrades finement sculptées comme aux tribunes. De beaux lustres en bronze doré sont installés à la lumière électrique.

Notre voyage a été jusqu'ici favorisé par le beau temps, mais la chaleur commence à se faire sentir et le soleil nous gratifie de rayons trop brûlants, aussi passons-nous une pénible nuit en wagon pour quitter la Russie.

S'il faut son passeport pour voyager chez nos bons amis et s'il faut avoir soin de le faire viser dans chaque ville où l'on passe, il serait imprudent et l'on pourrait s'attirer des ennuis si l'on oubliait de le faire viser également pour la sortie. Oui, cela surprendra peut-être bien des gens, et on le comprend facilement, un étranger, une fois sur le territoire de l'Empire, ne saurait le quitter sans demander la permission. Aussi, à la frontière, subissons-nous une visite dans les wagons et des officiers viennent s'assurer en contrôlant notre passeport de notre identité. J'espère que voilà une police bien faite. Néanmoins, en particulier pour nous autres Français, tout cela finit presque par devenir vexatoire.

Mais nous avons encore à passer la visite de la douane autrichienne, où de nos amis se voient obligés de payer l'entrée pour quelques paquets de cigarettes russes qui leur reviendront cher à Paris, s'ils ne peuvent les dissimuler aux douanes allemande et française surtout.....

Avis aux amateurs.

A une campagne vallonnée et marécageuse semée de quelques étangs sur les bords desquels des cigognes contemplatives sont venues passer la belle saison, succède une contrée plus cultivée et verdoyante dans laquelle les villages aux maisons passées à la chaux font des taches blanches.

Maintenant plus de casquettes et de bottes, mais de hauts et disgracieux képis coiffant militaires et employés. Le pantalon collant moulant la jambe et entrant dans les chaussures, donne aux soldats un aspect singulier, on les croirait en caleçons ! Nous retrouvons les wagons à couloir et le wagon-restaurant dans lequel si nous sommes secoués, à avoir le mal de mer pour un peu, du moins nous serons moins pressés par le temps. Les machines ici vomissent la noire haleine que leur donne le charbon. Le paysage se poursuit gracieux avec de grands champs de seigle dont les têtes en se courbant semblent nous saluer au passage. Laissant derrière nous deux petites villes avec leurs casernes, leurs cantonnements et les longs quais d'embarquement qui rappellent la proximité de la frontière, nous arrivons à la fin du jour pour voir les lumières de Cracovie s'allumer. Il y avait vingt-quatre heures que nous avions quitté Kieff.

Cracovie avec ses 70.000 âmes, dont plus de 20.000 Juifs, est gracieusement entourée d'une ceinture de boulevards, anciens remparts transformés en squares. Elle est appuyée à la Vistule, au-dessus de laquelle se dresse la vieille Citadelle en briques et les clochers de la Cathédrale, monument historique intéressant par ses souvenirs. Sur le maître-autel est le tombeau en argent de saint Stanislas, assassiné par le roi Boleslas. Dans les différentes chapelles, se trouvent des tombeaux d'évêques, celui en marbre noir de Sigismond III, roi de Pologne ; dans la chapelle en entrant, à droite, ceux des Jagellons devant de curieux rétables d'autel en bois doré du XIVe siècle. Dans la crypte reposent de grands Polonais, comme Kosiusko, des anciens rois, comme Ladislas, Sigismond, de leurs femmes et de leurs enfants. Les sarcophages, de formes variées et plus ou moins artistiques, n'ont rien de particulièrement interessant.

Comme monuments principaux, figurent d'abord les églises nombreuses, le pays étant d'un catholicisme fervent et bien connu, qui n'ont rien de remarquable, pas même la Cathédrale, assez svelte de proportions avec ses murs et sa voûte tout peinturlurés. Elle est en bordure sur la grande place, au centre de laquelle s'élève une construction de silhouette hollandaise, la Halle aux draps, avec escaliers extérieurs, comportant un marché couvert et renfermant le Musée national, où les grandes compositions historiques de Jean Matejko, tiennent la plus large place. Dans une petite salle on a réuni des souvenirs de Kosiusko, d'un intérêt fort relatif. Sur la place, la petite église St-Vithlod, la plus ancienne de Pologne, est, suivant un vieil usage, entretenue par la corporation des cochers.

Un autre petit Musée est gracieusement ouvert aux touristes par le jeune prince Czartoriski, dans son domicile privé, proche de l'ancienne enceinte de la ville, dont la veille tour St-Florian dresse son toit pointu à quelques pas de là. Cette collection, à l'entretien de laquelle le petit-fils du duc de Nemours consacre plus de 100.000 fr. par an, renferme quelques beaux meubles, des tapisseries, genre Gobelins, et des antiquités grecques et égyptiennes, ainsi que des armes historiques et des ornements de costume de la vieille Pologne. Un certain nombre de tableaux décorent les murs.

Une promenade fera vite faire connaissance avec la ville, et l'on y apercevra quelques vieux hôtels des XVe et XVIe siècles sentant l'influence italienne et rappelant par leurs façades massives les vieux palais florentins, capables de résister à une attaque. Le palais Czartoriski transformé en hôtel, avec ses murs épais et ses belles pièces aux plafonds élevés en est un exemple. Un édifice public nous arrêtera, c'est la bibliothèque Jagellon avec son joli cloître à galerie. Elle renferme quelques curieux ouvrages et des souvenirs historiques, et est bien aménagée dans de belles salles ogivales. Le Théâtre dresse sa façade près des promenades où le public va prendre l'air et se montrer.

En dehors de la ville deux jardins avec théâtre, cafés, restaurants, sont les lieux de distractions pour les habitants, qui l'hiver se livrent au patinage, un sport favori. La saison froide dure du reste pendant de longs mois dans ces pays, si éloignés de la mer. Et l'on s'y livre aussi au sport de la pédale, encore en enfance en Russie.

En face de la ville et de l'autre côté de la Vistule, au delà du Champ de courses, se dresse le Mont Kosiusko, butte de terre élevée de main d'homme au sommet d'une colline fortifiée du haut de laquelle on a une jolie vue panoramique de Cracovie et de la région environnante, avec la frontière russe à l'horizon (on n'en est qu'à deux lieues) et les Carpathes aux sommets découpés et aux flancs encore blancs de neige.

Comme nous paraissions surpris du peu de moyens de défenses élevés aussi près de la frontière, il nous a été répondu que les territoires peu habités du côté russe constituaient comme une espèce de terrain neutre, qu'évacuerait l'armée russe en cas d'invasion, ou qu'elle franchirait avec ses propres ressources dans le cas où elle prendrait l'offensive.

Nous trouvant à Cracovie à l'occasion de la Fête-Dieu, nous avons assisté à un intéressant spectacle, plein de cette couleur locale, que le touriste va chercher si loin et parfois en vain, la cérémonie de la procession publique, sous l'escorte de la troupe et avec le concours des autorités et de la musique militaire, au milieu d'une foule religieusement recueillie.

Il y avait là un tableau tout fait pour un peintre, avec cette réunion d'hommes et de femmes aux costumes variés, des paysans portant des sortes de paletots blancs à pompons noirs, et chaussés de bottes, d'autres vêtus d'une longue redingote noire à liserés rouges avec une large ceinture de cuir, coiffés d'un grand chapeau à larges bords ; des femmes surtout, avec leurs robes de couleur, les unes avec la chemise blanche aux larges manches garnies de dentelles, et par dessus un boléro clair et une jupe de couleur, ornés de colliers et bracelets de pierres de couleur et corail, chaussées de bottes et coiffées d'un fichu en turban. Beaucoup portaient des châles aux bizarres rayures, des tabliers, un simple foulard sur la tête et des jupes courtes généralement.

On ne saurait quitter Cracovie sans faire la visite des célèbres mines de sel gemme de Wilischka, situées à une douzaine de kilomètres au milieu de vertes collines. La visite en est assez coûteuse, elle devient même une fantaisie de prince ou de nabab américain quand on ne la fait pas les jours consacrés au public. Exploité par l'État, cet établissement produit annuellement 1.500.000 quintaux de sel et un millier d'ouvriers y travaillent à raison de huit heures par jour. Elle se compose de cinq étages, dont deux seulement accessibles au public ; la profondeur varie entre 150 et 450 mètres. Pour y descendre, l'administration met à la disposition des visiteurs des blouses et des calots.

On y accède par un escalier en bois de 700 marches. Une partie des galeries est boisée, les autres sont à même le sol dur comme la pierre. Suivant l'ordre de la marche, on visite d'abord la chapelle, salle de 30 mètres sur 15 environ, avec une sorte de rétable en transparent lumineux, elle est éclairée par six lustres à bougies. Un orchestre qui va se faire entendre à diverses reprises n'est pas sans nous occasionner quelque surprise. On descend à la petite chapelle St-Antoine, avec son autel, ses statues, sa chaise à prêcher, le tout taillé dans le sel naturellement. La grotte Ste-Ursule forme un nouvel arrêt dans la descente qui se poursuit pour arriver à la grande salle Michalovitzer (à laquelle on donne 50 mètres de hauteur !) elle est éclairée par un grand lustre en sel cristallisé, mais elle est tellement encombrée d'étais (une forêt entière a dû y passer) qu'on ne la juge pas dans son ensemble. On reprend un escalier de bois pour descendre au fond au son de la musique, toujours escorté d'ouvriers porteurs de lanternes. Dans un coin, deux pyramides ont été élevées en l'honneur des souverains. La salle Drozdowice offre de belles proportions. On passe ensuite par une superposition de grottes où la lumière se reflète étrangement sur des blocs de sel amoncelés en chaos.

Au pied de grandes parois lisses, on a placé un vieux tableau de 1672 et l'on s'engage dans une galerie où l'on rencontre la voie ferrée servant à l'exploitation, qui nous mène à une salle où se dresse un obélisque en l'honneur du pauvre archiduc Rodolphe et de l'archiduchesse Stéphanie. Comme surprise, on nous fait traverser en bateau un petit lac suivi d'un canal voûté, pendant que l'orchestre nous régale d'airs de circonstance, et on termine par un feu d'artifice tiré dans une salle aux vastes proportions avec les initiales R. F. embrasées aux sons de l'hymne national autrichien et de la *Marseillaise,* suivi des applaudissements des spectateurs que l'on conduit à un buffet brillamment éclairé ; après quoi on nous remonte au jour en benne. A la sortie, des ouvriers nous vendent quelques menus bibelots en sel transparent cristallisé.

Au résumé, la visite de ces mines ne manque pas d'intérêt, mais au point de vue pittoresque, il ne faut pas chercher à les comparer aux grottes naturelles de Han,

Rochefort et surtout de Dargillan. Les premières sont le travail de l'homme, tandis que les autres sont des merveilles de la nature.

Une bonne nuit en wagon où nous pouvons goûter quelque repos nous ramène à Vienne, la grande ville déjà bien connue de beaucoup de mes lecteurs, qui est toujours une agréable capitale avec son beau boulevard circulaire du Ring, sur lequel se dressent tous les principaux monuments comme les Musées et le Palais de l'Empereur, encore en construction. Vingt-quatre heures dans l'Express-Orient nous font franchir d'un bond la distance qui sépare Vienne de Paris, où je vous ramène, mes chers collègues, vous, qui avez eu l'amabilité ou la curiosité de me suivre dans ce voyage à la vapeur à travers le premier Empire du monde, heureux et satisfait si je n'ai pas lassé votre patience, et dans ce cas laissez-moi vous dire........ au revoir !

Lille Imp. L.Danel.